DE WERELD VAN KARAMEL RAGE

100 decadente nagerecht en hartige gerechten met karamelgoedheid

Madelief Kok

Auteursrechtelijk materiaal ©2024

Alle rechten voorbehouden

Geen enkel deel van dit boek mag in welke vorm of op welke manier dan ook worden gebruikt of overgedragen zonder de juiste schriftelijke toestemming van de uitgever en eigenaar van het auteursrecht, met uitzondering van korte citaten die in een recensie worden gebruikt . Dit boek mag niet worden beschouwd als vervanging voor medisch, juridisch of ander professioneel advies.

INHOUDSOPGAVE

INHOUDSOPGAVE 3
INVOERING 6
KARAMEL ONTBIJT 7
  1. Kleverige broodjes met karamel-pecannoten 8
  2. Gekarameliseerde ui en Gruyère-briochetaart 10
  3. Karamel bananenpannenkoekjes 12
  4. Nootachtige pecannoten-karamelbrioche 14
  5. Met karamel gevulde pannenkoeken 16
  6. Dronken S'more Pop Tarts 18
  7. Karamel Franse Toast Braadpan 21
  8. Karamel Appel Havermout 23
  9. Karamel Banaan Smoothie Bowl 25
  10. Caramel Macchiato Overnight Oats 27
  11. Karamel Swirl koffiecake 29
  12. Gekarameliseerde bananenpannenkoeken 31
  13. Gekarameliseerde scones van peer en walnoot 33
  14. Gekarameliseerd bananenbrood 35
  15. Karamel appel-kaneelbroodjes 37
  16. Gekarameliseerde bananenontbijtquinoa 39
  17. Karamel Walnoot Kleverige Broodjes 41
KARAMEL SNACKS 44
  18. Karamel-popcorn 45
  19. Gezouten karamel chocoladekussens 47
  20. Met karamel gevulde churros 49
  21. Kegels Karamel Mix 52
  22. Macarons met gezouten karamel 54
  23. Karamel Pecannoten Sandies 58
  24. Koekjesrepen met karamelkoekjes 61
  25. Madeleines van gezouten karamel en citroen 63
  26. Gezouten karamel-appelkrokante lekkernijen 66
  27. met gezouten karamel en pecannoten 69
  28. Gezouten Karamelblondies 72
  29. Popcornsoufflés met gezouten karamel 74
  30. Met karamel en chocolade bedekte pretzels 77
  31. Karamel Appelschijfjes 79
  32. Karamel Rijstcake Bites 81
  33. Met karamel gevulde dadels 83
  34. Karamel krakelingstaven 85
NAGERECHT 87
  35. Cadbury-karamel-cheesecake 88

36. Appel-karamel ondersteboven cake 90
37. Karamel Vanille Espresso Cupcakes 93
38. Tiramisu van chocolade- en karamelmousse 96
39. Snicker karamel appeltaart 99
40. Karamel Popcorn Extravaganza Cupcakes 102
41. Gezouten karamel en notendacquoise 105
42. Appeltaart met gezouten karamel 110
43. Klassieke Franse Crème au Caramel 113
44. Turkse Hazelnoot Karamel Rijstpudding 116
45. Karamel Macchiato-mousse 118
46. Sinaasappelbavarois met karamel 120
47. Rozemarijn Karamel Pot de crème 123
48. Tiramisu-vlaai 125
49. Wafelcoupes met karamelsaus 127
50. Banana Karamelcrème Crêpes 129
51. Walnoot- en karamelijssandwiches 133
52. Burnt Caramel Bourbon en toffee-ijs 135
53. Karamel Macchiato Affogato 138
54. Karamel-gelato 140
55. Kokos-Cajeta- ijs opgerold 142
56. Dulce De Leche Baileys Pops 145
57. Karamel-chocolade- eclairs 147
58. Koffiekaramel spiegelgeglazuurde éclairs 149
59. Pecan-karamel-éclairs 152
60. Appelsoufflés Met Gezouten Karamelsaus 155
61. Magnolia-karamel-bundtcake 158
62. Caramel Macchiato Tres Leches-cake 161
63. Tostada Sundae met koffie-karamelsaus 164
64. Karamel Zwitserse rol 166
65. Koffie-karamel Swiss Roll 168

SNOEP 171

66. Guinness Karamels Met Gezouten Pinda's 172
67. Boter-rumkaramel 174
68. Espresso Likeur Karamels 176
69. Cappuccino-karamel 179
70. Gezouten Whiskey Karamels 181
71. Kokos-karamelclusters 183
72. Karamel-appellolly's 185
73. Karamelnootclusters 187
74. Karamel-Marshmallow-pops 189

Condimenten 191

75. Ganache van gezouten karamel 192
76. Karamelglazuur 194

77. Gekarameliseerde witte chocoladeganache 196
78. Dalgona Karamelsaus 198
79. Karamelsaus van passievruchten 200
80. Kahlua-karamelsaus 202
81. Karamel Pecannotensaus 204
82. Koffie-karamelsaus 206
83. Mandarijn Karamelsaus 208
84. Hemelse karamelsaus 210
85. Karamel Appelboter 212
86. Gekarameliseerde uienjam 214
87. Karamel barbecuesaus 216
88. Gekarameliseerde vijgenjam 218

Cocktails en Mocktails 220

89. Dalgona Karamel Frappuccino 221
90. Gezouten Karamel Witte Hete Cacao 223
91. Baileys gezouten karamel Martini-cocktail 225
92. Verbrande karamel Manhattan 227
93. Karamel Appel Martini 229
94. Karamel Wit-Russisch 231
95. Karamel Espresso Martini 233
96. Gezouten Karamel Crème Frisdrank 235
97. Gekarameliseerde Ananas Rum Punch 237
98. Karamel Mokka Martini 239
99. Gekarameliseerde perenmojito 241
100. Karamel Appel Sparkler 243

CONCLUSIE 245

INVOERING

Stap binnen in 'DE WERELD VAN KARAMEL RAGE', waar zoetheid en verfijning samenkomen in een symfonie van smaak. Karamel, met zijn rijke, boterachtige smaak en onweerstaanbare aroma, fascineert al eeuwenlang smaakpapillen over de hele wereld. In dit kookboek nodigen we je uit om de eindeloze mogelijkheden van karamel te ontdekken met 100 decadente desserts en hartige gerechten die je trek zullen stillen en je culinaire verbeelding zullen aanwakkeren.

Van fluweelzachte karamelsauzen tot kleverige met karamel gevulde lekkernijen, van hartig met karamel geglazuurd vlees tot heerlijke cocktails met karamel, er is voor ieder wat wils in deze collectie. Of je nu een doorgewinterde bakker bent, een gepassioneerde thuiskok of gewoon iemand met een zoetekauw, "DE WERELD VAN KARAMEL RAGE" belooft je zintuigen te prikkelen en je kookkunsten naar nieuwe hoogten te tillen.

Maar karamel is meer dan alleen een zoete verwennerij: het is een culinair wonder dat diepte, rijkdom en complexiteit aan elk gerecht toevoegt. In dit kookboek verkennen we de kunst van het karameliseren, de wetenschap van suiker en de eindeloze manieren waarop karamel zowel zoete als hartige recepten kan verbeteren. Of je het nu over ijs sprenkelt, het in een cakebeslag vouwt of het gebruikt om een gebraden kip te glaceren, karamel heeft de kracht om gewone gerechten om te toveren in buitengewone culinaire ervaringen.

Dus of u nu een speciale gelegenheid viert, een etentje organiseert of uzelf gewoon trakteert op een beetje verwennerij, "DE WERELD VAN KARAMEL RAGE" nodigt u uit om bij elke hap van de magie van karamel te genieten.

KARAMEL ONTBIJT

1. Kleverige broodjes met karamel-pecannoten

INGREDIËNTEN:
- 1 pakje gekoeld halvemaantjesbrooddeeg
- 1/4 kopje karamelsaus
- 1/4 kop gehakte pecannoten
- 1/4 kop bruine suiker
- 2 eetlepels boter, gesmolten

INSTRUCTIES:
a) Verwarm uw oven voor op 190°C. Vet een muffinvorm in.
b) Rol het halvemaanvormige deeg uit en verdeel het in driehoeken.
c) Bestrijk elke driehoek met gesmolten boter.
d) Strooi bruine suiker en gehakte pecannoten over elke driehoek.
e) Rol elke driehoek op, beginnend bij het brede uiteinde, tot een halvemaanvormige rol.
f) Plaats elk opgerold halvemaanbroodje in de ingevette muffinvorm.
g) Druppel karamelsaus over de bovenkant van elke rol.
h) Bak in de voorverwarmde oven gedurende 12-15 minuten, of tot ze goudbruin zijn.
i) Laat de plakkerige broodjes iets afkoelen voordat je ze serveert.

2. Gekarameliseerde ui en Gruyère-briochetaart

INGREDIËNTEN:
- 3 ¼ kopjes bloem voor alle doeleinden
- ¼ kopje suiker
- 1 theelepel zout
- 1 pakje actieve droge gist
- ½ kopje warme melk
- 3 grote eieren
- ½ kopje ongezouten boter, verzacht
- 2 grote uien, in dunne plakjes gesneden en gekarameliseerd
- 1 kopje geraspte Gruyère-kaas

INSTRUCTIES:
a) Meng warme melk en gist en laat schuimen.
b) Meng bloem, suiker en zout. Voeg het gistmengsel, de eieren en de zachte boter toe. Kneed tot een gladde massa.
c) Voeg voorzichtig gekarameliseerde uien en geraspte Gruyère-kaas toe.
d) Laat het rijzen, rol het deeg uit en doe het in een taartvorm.
e) Laat het opnieuw rijzen en bak het vervolgens 30-35 minuten op 190°C.

3. Karamel bananenpannenkoekjes

INGREDIËNTEN:
- 1 kopje bloem voor alle doeleinden
- 1 eetlepel suiker
- 1 theelepel bakpoeder
- 1/2 theelepel zuiveringszout
- 1/4 theelepel zout
- 1 kopje karnemelk
- 1 ei
- 2 eetlepels gesmolten boter
- 2 rijpe bananen, in plakjes gesneden
- Karamelsaus als topping

INSTRUCTIES:

a) Meng de bloem, suiker, bakpoeder, zuiveringszout en zout in een mengkom.

b) Klop in een andere kom de karnemelk, het ei en de gesmolten boter door elkaar.

c) Giet de natte ingrediënten bij de droge ingrediënten en meng tot alles net gemengd is.

d) Verhit een bakplaat of koekenpan op middelhoog vuur en vet licht in met boter of kookspray.

e) Giet voor elke pannenkoek 1/4 kopje beslag op de bakplaat.

f) Leg op elke pannenkoek een paar plakjes banaan.

g) Kook tot er belletjes op het oppervlak ontstaan, draai dan om en kook tot ze goudbruin zijn.

h) Serveer de pannenkoeken met karamelsaus erover gemotregend.

4. Nootachtige pecannoten-karamelbrioche

INGREDIËNTEN:
- ½ kopje melk
- 5 eieren
- ⅓ kopje suiker
- 3 ½ kopjes bloem voor alle doeleinden
- 1 ½ theelepel actieve droge gist
- ½ theelepel zout
- 1 kopje gehakte pecannoten
- 1 kopje bevroren boter, in blokjes gesneden
- ½ kopje karamelsaus
- 1 ei (voor glazuur)

INSTRUCTIES:

a) Meng in een broodmachine melk, eieren, suiker, bloem, gist en zout.

b) Voeg na het eerste kneden de in blokjes gesneden bevroren boter toe.

c) Laat de broodmachine de deegcyclus voltooien.

d) Haal het deeg eruit, wikkel het in keukenfolie en zet het een nacht in de koelkast.

e) Laat het deeg vóór het bakken 1 uur op een warme plaats rusten.

f) Verdeel het deeg in 12 gelijke delen.

g) Vorm grote porties deeg tot bollen en plaats deze in beboterde cupcake-bakvormpjes.

h) Meng de gehakte pecannoten door het deeg.

i) Vorm het deeg in 12 porties en plaats ze in beboterde cupcake bakvormpjes.

j) Druk op het midden van elke grote bol om een verdieping te creëren.

k) Vul de verdieping met een scheutje karamelsaus.

l) Bedek het met een handdoek en laat het nog een uur rusten om te rijzen.

m) Verwarm de oven voor op 180 °C.

n) Klop een ei los en bestrijk het oppervlak van elke brioche met de eierwas.

o) Bak gedurende 15-20 minuten of tot ze goudbruin zijn.

p) Laat de Nutty Pecan Caramel Brioche afkoelen op een rooster.

5.Met karamel gevulde pannenkoeken

INGREDIËNTEN:
- 1 kopje melk
- 1 kopje bloem
- 4 eetlepels Karamel
- 2 eetlepels Boter
- 1 eetlepel suiker
- 2 eieren

INSTRUCTIES:
a) Meng in een middelgrote kom alle ingrediënten behalve de karamel tot ze goed gemengd zijn.
b) Verhit een pan of koekenpan op middelhoog vuur. Giet ¼ kopje beslag in de pan.
c) Plaats een kleine hoeveelheid karamel in het midden van de pannenkoek en bedek met meer beslag.
d) Kook tot ze goudbruin zijn, ongeveer 2-3 minuten per kant.

6.Dronken S'more Pop Tarts

INGREDIËNTEN:
VOOR CHOCOLADE KARAMEL BOURBON POP TARTS:
- 2 dozen taartbodems
- 2 Hershey chocoladerepen
- 2 kopjes karamelsaus (gekocht of zelfgemaakt)
- 1 eetlepel bourbon
- 1 ei
- 1 eetlepel water

VOOR POP TART MARSHMALLOW GLAZE:
- ¼ kopje poedersuiker
- 2 volle kopjes marshmallows (ongeveer 20 marshmallows van normale grootte)
- ¼ kopje volle melk

INSTRUCTIES:
a) Verwarm de oven voor op 450 graden en bekleed een bakplaat met bakpapier. Opzij zetten.

b) taartbodems uit en maak rechthoeken voor de pop-tarts. Genereer uit één taartbodemvel 4 rechthoeken, in totaal 8 rechthoeken per doos. Streef naar in totaal 16 rechthoeken (of een even aantal). Leg de rechthoeken opzij.

c) Maak de bourbon-karamelsaus door 1 eetlepel bourbon toe te voegen aan de twee kopjes karamelsaus. Roer goed om op te nemen en pas de hoeveelheid bourbon aan op basis van uw voorkeur.

d) Monteer door 8 rechthoeken op de bakplaat te plaatsen. Voeg 4 rechthoeken chocoladereep toe en bedek met een eetlepel karamelsaus.

e) Plaats de resterende 8 rechthoeken bovenop de vulling en druk de randen met een vork naar beneden om de pop-tarts dicht te plakken. Bereid de eierwassing voor door een ei in een kom te breken, een eetlepel water toe te voegen en door elkaar te kloppen.

f) Bestrijk de bovenkant met het ei voordat u de pop-tarts ongeveer 8 minuten in de oven plaatst.

g) Haal het uit de oven, bedek de gekrompen randen met folie en bak nog eens 2 minuten tot de bovenkant goudbruin is. Laat de pop-tarts afkoelen op een rooster.

h) Terwijl de pop-tarts bakken, bereidt u het glazuur voor. Meng de melk en marshmallows in een magnetronbestendige kom en zet ze ongeveer 30 seconden in de magnetron. Roer tot een gladde massa. Indien nodig, magnetron met intervallen van 15 seconden tot het volledig gesmolten is.

i) Roer de poedersuiker erdoor tot het gemengd is. Opzij zetten.

j) Zodra de pop-tarts klaar zijn , giet je het glazuur erover en bestrooi je met chocoladeschaafsel. Geniet van de heerlijke Drunken S'more Pop Tarts!

7.Karamel Franse Toast Braadpan

INGREDIËNTEN:
- 1 stokbrood, in plakjes gesneden
- 4 eieren
- 1 kopje melk
- 1 theelepel vanille-extract
- 1/2 kop karamelsaus
- 1/2 kopje gehakte pecannoten (optioneel)
- Poedersuiker om te bestuiven

INSTRUCTIES:

a) Verwarm uw oven voor op 175°C. Vet een ovenschaal van 9x13 inch in.

b) Schik het gesneden stokbrood in de voorbereide ovenschaal.

c) Klop in een mengkom de eieren, melk en vanille-extract door elkaar.

d) Giet het eimengsel over de sneetjes brood en zorg ervoor dat elk sneetje bedekt is .

e) Sprenkel de karamelsaus over de sneetjes brood en bestrooi ze eventueel met gehakte pecannoten.

f) Bak in de voorverwarmde oven gedurende 30-35 minuten, of tot de wentelteefjes goudbruin en uitgehard zijn.

g) Serveer warm, eventueel bestrooid met poedersuiker.

8.Karamel Appel Havermout

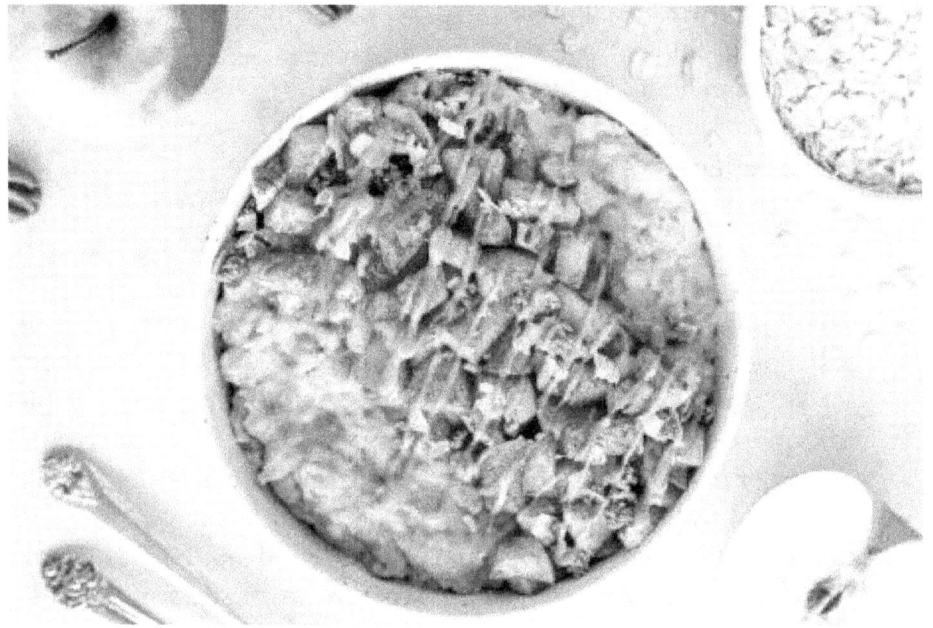

INGREDIËNTEN:
- 1 kop ouderwetse haver
- 2 kopjes water of melk
- Snufje zout
- 1 appel, in blokjes gesneden
- 2 eetlepels karamelsaus
- 2 eetlepels gehakte pecannoten of walnoten
- Kaneel (optioneel)

INSTRUCTIES:

a) Breng het water of de melk in een pan aan de kook.

b) Roer de haver en het zout erdoor en zet het vuur middelhoog.

c) Kook de haver, af en toe roerend, gedurende ongeveer 5 minuten of tot het dik is.

d) Roer de in blokjes gesneden appel erdoor en laat nog 2-3 minuten koken, of tot de appel zacht is.

e) Haal de havermout van het vuur en roer de karamelsaus erdoor.

f) Verdeel de havermout in kommen en bestrooi eventueel met gehakte noten en een scheutje kaneel.

g) Serveer warm en geniet van je karamel-appelhavermout!

9. Karamel Banaan Smoothie Bowl

INGREDIËNTEN:
- 2 rijpe bananen, bevroren
- 1/2 kopje Griekse yoghurt
- 1/4 kopje chocolademelk
- 2 eetlepels karamelsaus
- Toppings: gesneden bananen, granola, gehakte noten, scheutje karamelsaus

INSTRUCTIES:
a) Meng in een blender de bevroren bananen, Griekse yoghurt, chocolademelk en karamelsaus.
b) Meng tot een glad en romig mengsel.
c) Giet de smoothie in een kom.
d) Werk af met gesneden bananen, muesli, gehakte noten en een extra scheutje karamelsaus.
e) Geniet van je heerlijke karamel-banaan-smoothie bowl!

10. Caramel Macchiato Overnight Oats

INGREDIËNTEN:
- 1/2 kop gerolde haver
- 1/2 kopje melk (elk type)
- 1/4 kop gezette koffie, gekoeld
- 1 eetlepel karamelsaus
- 1 eetlepel gehakte pecannoten of amandelen
- Optioneel: gesneden bananen of ander fruit

INSTRUCTIES:

a) Meng de havermout, melk, gezette koffie en karamelsaus in een pot of container.

b) Roer goed om alles door elkaar te mengen .

c) Dek de pot af en zet hem een nacht in de koelkast, of minimaal 4 uur.

d) Roer 's morgens de haver door.

e) Garneer met gehakte noten en gesneden bananen of ander fruit, indien gewenst.

f) Geniet van je romige en heerlijke caramel macchiato overnight oats!

11.Karamel Swirl koffiecake

INGREDIËNTEN:

- 2 kopjes All-purpose Flour
- 1 kopje suiker
- 1/2 kopje boter, verzacht
- 1 kopje zure room
- 2 eieren
- 1 theelepel vanille-extract
- 1 theelepel bakpoeder
- 1/2 theelepel zuiveringszout
- 1/4 theelepel zout
- 1/4 kopje karamelsaus

INSTRUCTIES:

a) Verwarm uw oven voor op 175°C. Vet een ovenschaal van 9x13 inch in.
b) Klop in een mengkom de boter en de suiker tot een licht en luchtig geheel.
c) Klop de eieren één voor één erdoor en roer vervolgens de zure room en het vanille-extract erdoor.
d) Meng in een aparte kom de bloem, bakpoeder, zuiveringszout en zout.
e) Voeg geleidelijk de droge ingrediënten toe aan de natte ingrediënten en meng tot ze net gemengd zijn.
f) Verdeel de helft van het beslag in de voorbereide ovenschaal.
g) Giet de helft van de karamelsaus over het beslag.
h) Herhaal met het resterende beslag en de karamelsaus.
i) Gebruik een mes om de karamelsaus door het beslag te roeren.
j) Bak in de voorverwarmde oven gedurende 30-35 minuten, of totdat een tandenstoker die je in het midden steekt er schoon uitkomt.
k) Laat de koffiecake afkoelen voordat u hem in stukken snijdt en serveert.

12. Gekarameliseerde bananenpannenkoeken

INGREDIËNTEN:
- 1 kopje bloem voor alle doeleinden
- 2 eieren
- 1/2 kopje melk
- 1/2 kopje water
- 2 eetlepels boter, gesmolten
- 1 eetlepel suiker
- Snufje zout
- 2 rijpe bananen, in plakjes gesneden
- 1/4 kopje karamelsaus
- Optionele toppings: slagroom, poedersuiker, gehakte noten

INSTRUCTIES:

a) Meng in een blender de bloem, eieren, melk, water, gesmolten boter, suiker en zout.

b) Mixen tot een gladde substantie.

c) Verhit een licht ingevette koekenpan met antiaanbaklaag op middelhoog vuur.

d) Giet ongeveer 1/4 kopje beslag in de koekenpan, al roerend om de bodem gelijkmatig te bedekken.

e) Kook 2-3 minuten, of totdat de randen uit de pan beginnen te komen.

f) Draai de crêpe om en bak nog 1-2 minuten.

g) Haal de crêpe uit de pan en herhaal met het resterende beslag.

h) Om te serveren, plaats je gesneden bananen in het midden van elke crêpe, besprenkel met karamelsaus en vouw of rol.

i) Werk af met extra karamelsaus, slagroom, poedersuiker en indien gewenst gehakte noten.

j) Serveer warm en geniet van je gekarameliseerde bananenpannenkoekjes!

13. Gekarameliseerde scones van peer en walnoot

INGREDIËNTEN:
- 2 kopjes All-purpose Flour
- 1/4 kop kristalsuiker
- 1 eetlepel bakpoeder
- 1/2 theelepel zout
- 1/2 kop ongezouten boter, koud en in blokjes
- 2/3 kopje zware room
- 1 ei
- 1 theelepel vanille-extract
- 1 rijpe peer, in blokjes gesneden
- 1/2 kopje gehakte walnoten
- Karamelsaus om te besprenkelen

INSTRUCTIES:

a) Verwarm de oven voor op 200 °C (400 °F) en bekleed een bakplaat met bakpapier.

b) Meng in een grote mengkom de bloem, suiker, bakpoeder en zout.

c) Voeg de koude boterblokjes toe aan de droge ingrediënten en gebruik een deegsnijder of vork om de boter door het bloemmengsel te snijden totdat het op grove kruimels lijkt.

d) Klop in een aparte kom de slagroom, het ei en het vanille-extract samen.

e) Giet de natte ingrediënten bij de droge ingrediënten en roer tot ze net gemengd zijn.

f) Voeg voorzichtig de in blokjes gesneden peer en de gehakte walnoten toe.

g) Leg het deeg op een licht met bloem bestoven oppervlak en dep het in een cirkel van ongeveer 2,5 cm dik.

h) Snijd het deeg in 8 partjes en leg ze op de voorbereide bakplaat.

i) Bak gedurende 15-18 minuten, of tot de scones goudbruin zijn.

j) Laat de scones iets afkoelen voordat u ze besprenkelt met karamelsaus.

k) Serveer warm en geniet van je gekarameliseerde peer- en walnotenscones!

14. Gekarameliseerd bananenbrood

INGREDIËNTEN:
- 3 rijpe bananen, gepureerd
- 1/2 kopje ongezouten boter, gesmolten
- 1/2 kopje kristalsuiker
- 1/2 kop bruine suiker
- 2 eieren
- 1 theelepel vanille-extract
- 1 1/2 kopjes bloem voor alle doeleinden
- 1 theelepel zuiveringszout
- 1/2 theelepel zout
- Karamelsaus om te besprenkelen

INSTRUCTIES:
a) Verwarm uw oven voor op 175°C (350°F) en vet een broodvorm van 9x5 inch in.
b) Meng in een grote mengkom de geprakte bananen, gesmolten boter, kristalsuiker, bruine suiker, eieren en vanille-extract.
c) Meng in een aparte kom de bloem, het bakpoeder en het zout.
d) Voeg geleidelijk de droge ingrediënten toe aan de natte ingrediënten, roer tot ze net gemengd zijn.
e) Giet het beslag in de voorbereide bakvorm en strijk de bovenkant glad met een spatel.
f) Bak gedurende 50-60 minuten, of totdat een tandenstoker die je in het midden steekt er schoon uitkomt.
g) Laat het bananenbrood 10 minuten afkoelen in de pan voordat je het op een rooster legt om volledig af te koelen.
h) Giet de karamelsaus over het afgekoelde bananenbrood.
i) Snijd en serveer je heerlijke gekarameliseerde bananenbrood!

15.Karamel appel-kaneelbroodjes

INGREDIËNTEN:
- 1 pakje (16 ounces) gekoeld kaneelbrooddeeg
- 1 kopje in blokjes gesneden appels
- 1/2 kop karamelsaus
- 1/4 kop gehakte pecannoten of walnoten (optioneel)
- Kaneelsuiker om te bestrooien

INSTRUCTIES:

a) Verwarm uw oven voor op 175°C (350°F) en vet een ovenschaal licht in.

b) Rol het kaneelbrooddeeg uit en scheid de afzonderlijke broodjes.

c) Verdeel een lepel karamelsaus over elk broodje.

d) Strooi de in blokjes gesneden appels en gehakte noten over de karamelsaus.

e) Rol elk kaneelbroodje op en plaats ze in de voorbereide ovenschaal.

f) Bak gedurende 20-25 minuten, of tot de broodjes goudbruin en gaar zijn.

g) Haal het uit de oven en besprenkel extra karamelsaus over de warme kaneelbroodjes.

h) Bestrooi voor het serveren met kaneelsuiker.

i) Geniet van je heerlijke karamel-appel-kaneelbroodjes!

16.Gekarameliseerde bananenontbijtquinoa

INGREDIËNTEN:
- 1 kopje quinoa, afgespoeld
- 2 kopjes water of melk
- 2 rijpe bananen, in plakjes gesneden
- 1/4 kopje karamelsaus
- Gehakte noten of zaden voor topping (optioneel)

INSTRUCTIES:

a) Meng de quinoa en water of melk in een pan. Aan de kook brengen.
b) Zet het vuur laag, dek af en laat 15-20 minuten sudderen, of tot de quinoa gaar is en de vloeistof is opgenomen.
c) Roer de gesneden bananen en karamelsaus erdoor.
d) Kook nog eens 2-3 minuten, tot de bananen gaar zijn.
e) Serveer de gekarameliseerde bananenquinoa in kommen.
f) Eventueel afwerken met gehakte noten of zaden.
g) Geniet van je voedzame en heerlijke gekarameliseerde bananenontbijtquinoa!

17.Karamel Walnoot Kleverige Broodjes

INGREDIËNTEN:
- ¼ tot ½ kopje warm water
- 3 eetlepels suiker
- 1 pakje (ongeveer 2 ¼ theelepels) actieve droge gist
- 1 ei, losgeklopt
- 2 ¼ kopjes bloem voor alle doeleinden
- 2 eetlepels instant magere melkpoeder
- 1 theelepel zout

KARAMEL TOPPING:
- 3 eetlepels boter of margarine, gesmolten
- 3 eetlepels verpakte bruine suiker
- 2 eetlepels donkere glucosestroop
- ¼ kopje gehakte walnoten

INSTRUCTIES:
a) Combineer ¼ kopje warm water, 1 eetlepel suiker en gist. Roer om de gist op te lossen en laat het staan totdat het bubbelt, ongeveer 5 minuten.
b) Roer het losgeklopte ei erdoor.
c) Voorzie uw keukenmachine van een stalen mes. Meet de bloem, de instant droge melk, de resterende 2 eetlepels suiker en het zout af in de mengkom. Verwerk tot de ingrediënten gemengd zijn , ongeveer 5 seconden.
d) Zet de keukenmachine aan en giet het gistmengsel langzaam door de vulopening bij het bloemmengsel. Giet langzaam net genoeg van het resterende water in het bloemmengsel, zodat het deeg een bal vormt die de zijkanten van de kom reinigt. Verwerk totdat het deeg ongeveer 25 keer rond de kom draait.
e) Zet de keukenmachine uit en laat het deeg 1 tot 2 minuten staan. Zet de processor weer aan en besprenkel geleidelijk genoeg van het resterende water om het deeg zacht, glad en satijnachtig maar niet plakkerig te maken. Verwerk totdat het deeg ongeveer 15 keer rond de kom draait.
f) Dek de keukenmachine af en laat het deeg op kamertemperatuur staan totdat het begint te rijzen, wat ongeveer 30 minuten duurt.

g) Terwijl het deeg aan het rijzen is, maak je de Caramel Topping klaar. Giet de topping in een ingevette ronde cake- of taartvorm van 9 inch.

h) Zodra het deeg gerezen is, leg je het op een licht ingevet oppervlak. Verdeel het in 12 gelijke delen en vorm elk deel tot een bal. Doop elk balletje in gesmolten boter en schik ze over de Caramel Topping in de pan. Laat ze op een warme plaats staan tot ze in omvang zijn verdubbeld, wat ongeveer 1 uur duurt.

i) Verwarm uw oven voor op 200°C. Bak de broodjes tot ze bruin zijn, wat 10 tot 12 minuten duurt.

j) Laat de broodjes ongeveer een minuut afkoelen en keer ze vervolgens om op een serveerschaal. Serveer ze warm of op kamertemperatuur.

KARAMEL TOPPING:

k) Meng in een kleine pan de bruine suiker, boter en donkere glucosestroop.

l) Kook op middelhoog vuur, onder voortdurend roeren, tot het mengsel bubbelt en de bruine suiker oplost.

m) Haal de pan van het vuur en roer de gehakte walnoten of pecannoten erdoor.

n) Geniet van je heerlijke zelfgemaakte Caramel Sticky Buns!

KARAMEL SNACKS

18.Karamel-popcorn

INGREDIËNTEN:
- ¼ kopje popcornpitten
- ¼ kopje ongezouten boter
- ½ kopje bruine suiker
- ¼ kopje lichte glucosestroop
- ¼ theelepel zout
- ¼ theelepel zuiveringszout
- ½ theelepel vanille-extract

INSTRUCTIES:

a) Pop de popcornpitten volgens de instructies in de magnetron of kookplaat en zet ze opzij in een grote kom.

b) Meng de boter, bruine suiker, glucosestroop en zout in een magnetronbestendige mok.

c) Zet het mengsel 2 minuten in de magnetron en roer elke 30 seconden totdat het mengsel bruist en de suiker is opgelost.

d) Haal de mok uit de magnetron en roer het zuiveringszout en het vanille-extract erdoor. Het mengsel zal schuimen.

e) Giet het karamelmengsel over de popcorn en roer tot de popcorn gelijkmatig bedekt is.

f) Verdeel de popcorn over een met bakpapier beklede bakplaat en laat afkoelen en uitharden voordat je hem serveert.

19. Gezouten karamel chocoladekussens

INGREDIËNTEN:
- 1 gekoelde taartbodem ontdooid
- 14 Hershey's kussen naar keuze
- 1 eiwit opgeklopt met 1 eetlepel water
- 1 klein potje Caramel Topping
- Mediterraan Zeezout

OPTIONELE TOPPINGEN:
- 1 kopje chocoladestukjes gesmolten
- ½ kopje fijngehakte noten
- Poedersuiker om te bestuiven
- Kristalsuiker om te bestrooien vóór het bakken

INSTRUCTIES:
a) Zet de oven aan op 350 graden.
b) Bedek een bakplaat met bakpapier of spray met bakolie met antiaanbaklaag
c) Rol de taartbodem uit op een licht met bloem bestoven aanrecht.
d) Maak cirkels van 2 ½ inch met een mes of koekjesvormer.
e) Plaats één Hershey's Kiss in elke cirkel.
f) Vouw de helft van het taartdeeg over de Kiss en sluit het taartdeeg goed af.
g) Trek de andere helft van het taartdeeg omhoog en vorm een kriskras en knijp om de randen dicht te maken.
h) Ik kreeg 16 kussenwolken door alle restjes er opnieuw uit te rollen.
i) Bestrijk elk kussenwolkje met het ei en bestrooi het vervolgens met suiker of mediterraan zout.
j) Bak op 350 graden, gedurende 15 tot 20 minuten, of totdat je kussenwolken goudbruin zijn. Haal het uit de oven en laat het 5 minuten afkoelen voordat je het naar het koelrek verplaatst.
k) Besprenkel met karameltopping en bestrooi met Mediterraan Zeezout. Serveer en geniet!

20. Met karamel gevulde churros

INGREDIËNTEN:
KARAMELSAUS:
- 1 kopje kristalsuiker
- 6 eetlepels ongezouten boter
- ½ kopje zware room
- 1 theelepel vanille-extract
- Een snufje zout

CHURROS:
- 1 kopje water
- 2 eetlepels suiker
- ½ theelepel zout
- 2 eetlepels plantaardige olie
- 1 kopje bloem voor alle doeleinden
- Plantaardige olie om te frituren
- ¼ kopje suiker (voor coating)
- 1 theelepel gemalen kaneel (voor coating)

INSTRUCTIES:
KARAMELSAUS:
a) Doe de kristalsuiker in een schone pan met dikke bodem op middelhoog vuur.

b) Laat de suiker smelten zonder te roeren. Je kunt de pan voorzichtig ronddraaien om ervoor te zorgen dat het gelijkmatig smelt. Dit proces kan ongeveer 5-7 minuten duren, waarna de suiker amberkleurig wordt.

c) Zodra de suiker volledig is gesmolten en een diepe amberkleur heeft gekregen, voeg je voorzichtig de ongezouten boter toe. Wees voorzichtig, want het mengsel zal borrelen als je de boter toevoegt.

d) Roer de boter door de gesmolten suiker tot het goed gemengd is. Dit kan ongeveer een minuut duren.

e) Giet langzaam de slagroom erbij, onder voortdurend roeren. Nogmaals, wees voorzichtig, want het mengsel zal borrelen.

f) Laat het mengsel ongeveer 1-2 minuten sudderen en blijf voortdurend roeren tot het iets dikker is geworden.

g) Haal de karamelsaus van het vuur en roer het vanille-extract en een snufje zout erdoor. De saus zal weer een beetje gaan borrelen, dus wees voorzichtig.

h) Laat de karamelsaus een paar minuten afkoelen voordat u deze in een hittebestendige container of pot doet.

CHURROS:

i) Meng in een pan water, suiker, zout en plantaardige olie. Breng het mengsel aan de kook.

j) Haal de pan van het vuur en voeg de bloem toe. Roer totdat het mengsel een bal deeg vormt.

k) Verhit plantaardige olie in een diepe koekenpan of pan op middelhoog vuur.

l) Doe het deeg in een spuitzak voorzien van een stervormig spuitmondje.

m) Spuit het deeg in de hete olie en snij het met een mes of schaar in stukken van 10-15 cm.

n) Bak aan alle kanten goudbruin en keer af en toe.

o) Haal de churros uit de olie en laat ze uitlekken op keukenpapier.

p) Meng suiker en kaneel in een aparte kom. Rol de churros door het kaneelsuikermengsel tot ze bedekt zijn.

q) Vul de churros met een spuit of spuitzak met bereide karamelsaus.

r) Serveer de met karamel gevulde churros warm.

21.Kegels Karamel Mix

INGREDIËNTEN:
KARAMEL SAUS
- 1-½ theelepel zuiveringszout
- 3 kopjes kristalsuiker
- 1-½ eetlepel koosjer zout
- 1 kopje water
- 3 eetlepels koude ongezouten boter, in kleine stukjes gesneden

MENGEN:
- 1 kopje kegelen
- 2 kopjes gepofte popcorn
- 1 kopje vissnacks
- 1 kopje pretzels
- ½ kopje gedroogd fruitmengsel
- ½ kopje mini-marshmallows
- 1 kopje O's ontbijtgranen

INSTRUCTIES:

a) Meng alle droge ingrediënten in een grote mengkom. Meet de baking soda af en leg deze opzij, klaar voor gebruik. Bekleed een bakvorm met folie en zet deze opzij.

b) Meng het water, de suiker, het zout en de boter in een grote pan. Kook het suikermengsel op hoog vuur, onder voortdurend roeren, tot het bubbelt en lichtbruin wordt aan de bovenkant. Dit proces kan 10-20 minuten duren.

c) Haal de karamel van het vuur en klop de baking soda erdoor. Wees voorzichtig , want het zal nog meer bubbelen. Giet het karamelmengsel direct over de kom met droge ingrediënten en roer snel door.

d) Giet het mengsel op de voorbereide bakplaat en druk het in een dunne laag.

e) Laat het afkoelen en breek het dan in hapklare stukken. Bewaar de Skittles Caramel Mix in een luchtdichte verpakking.

22.Macarons met gezouten karamel

INGREDIËNTEN:
VOOR DE GEZOUTEN KARAMELVULLING:
- 250 gram slagroom
- 350 g kristalsuiker (fijne kristalsuiker)
- 10 g fleur de sel (zeezoutvlokken)
- 350 g boter, in kleine blokjes gesneden

VOOR DE KARAMEL MACARON KOEKJES:
- 300 g amandelmeel (amandelmeel)
- 300 g poedersuiker
- 120 g eiwit (verdeeld in 2 porties van elk 120 g)
- 300 gram suiker
- 75 g water

INSTRUCTIES:
MAAK DE GEZOUTEN KARAMELVULLING:
a) Verwarm de slagroom in een kleine pan tot deze net begint te koken. Haal van het vuur.
b) Voeg in een aparte middelgrote pan de basterdsuiker toe en kook op middelhoog vuur, af en toe roerend, tot het karamelliseert en een donker koperkleur bereikt.
c) Haal de suiker van het vuur en giet voorzichtig de hete room erbij, onder voortdurend roeren met een spatel.
d) Laat het mengsel afkoelen tot ongeveer 115°F. Voeg de fleur de sel en de kleine klontjes boter beetje bij beetje toe, onder voortdurend roeren, tot alle boter is opgenomen.
e) Breng de karamel over naar een ondiepe container en zet in de koelkast totdat deze afkoelt en hard wordt.
f) Eenmaal afgekoeld, klop je het karamelmengsel tot het licht, glanzend en glad wordt. Bewaar het in de koelkast totdat je klaar bent om de macarons te vullen.

MAAK DE KARAMEL MACARON KOEKJES:
g) Zeef het amandelmeel en de poedersuiker om eventuele klontjes te verwijderen. Meng het met 120 g eiwit tot een gladde pasta en zet het opzij.
h) Meng de basterdsuiker en het water in een kleine pan op middelhoog vuur. Doe ondertussen de resterende 120 g eiwitten in een keukenmixer met gardeopzetstuk.
i) Wanneer de suiker een temperatuur van 239 ° F bereikt, begin je de eiwitten op te kloppen tot ze zachte pieken vormen. Wanneer de suiker een temperatuur van 244 ° F bereikt, haal hem dan van het vuur en giet hem langzaam bij het opgeklopte eiwit terwijl de mixer op lage snelheid staat.
j) Verhoog de mixersnelheid gedurende ongeveer een minuut naar de hoogste snelheid en verlaag deze vervolgens gedurende ongeveer 2 minuten naar gemiddelde snelheid. Laat de meringue afkoelen tot 120°F terwijl je op lage snelheid mengt.
k) Vouw het amandelmeelmengsel voorzichtig met een spatel door de meringue totdat het beslag egaal en glanzend wordt.

l) Doe het beslag in een spuitzak met een gladde, ronde spuitmond. Spuit de macaronschelpen op een bakplaat bekleed met een siliconen bakmat of bakpapier. Je kunt een macaron-sjabloon gebruiken om ze uniform van formaat te maken.

m) Tik zachtjes op de bakplaat om het beslag een beetje te verspreiden. Laat het beslag zitten totdat het een vel vormt en droog aanvoelt.

n) Verwarm de oven voor op 300 ° F en bak de macarons gedurende 10-15 minuten, waarbij u de bakplaat halverwege het bakken omdraait. Laat de macarons volledig afkoelen voordat je ze uit de pan haalt.

ASSEMBLEER DE GEZOUTEN KARAMEL MACARONS:

o) Haal de gezouten karamelvulling uit de koelkast en laat hem au bain-marie of in de magnetron zacht worden (pas op dat hij niet volledig smelt).

p) Eenmaal zacht, haal het van het vuur en klop krachtig tot het dikker wordt tot een botercrème-consistentie.

q) Combineer paren macaronkoekjes van dezelfde grootte.

r) Verdeel of spuit wat van de gezouten karamelvulling op één koekje, maar laat ongeveer 3 mm van de rand vrij.

s) Neem het paar in je andere hand en draai de twee koekjes voorzichtig in elkaar, zodat de vulling zich naar de randen verspreidt.

t) Bewaar de gevulde macarons minimaal 24 uur in de koelkast voordat u ze serveert en laat ze vóór het serveren weer op kamertemperatuur komen.

u) Geniet van je heerlijke Salted Caramel Macarons met de perfecte combinatie van zoete en zoute smaken!

23. Karamel Pecannoten Sandies

INGREDIËNTEN:
PECAN ZANDJES:
- 3 ons amandelmeel (ongeveer ¾ kopje)
- ¼ kopje bakmix
- 1 ounce pecannoten, zeer fijngehakt (ongeveer ¼ kopje)
- 1 eiwit
- 3 eetlepels boter, gesmolten
- 2 ½ eetlepel Splenda of vloeibaar equivalent
- Snufje kaneel
- ½ theelepel karamelextract

KARAMEL-EXTRACT:
- 1 kopje kristalsuiker
- 1 kopje water
- 1 theelepel vanille-extract (optioneel)

INSTRUCTIES:
KARAMEL-EXTRACT:
a) Voeg in een schone pan met dikke bodem 1 kopje kristalsuiker toe.

b) Verwarm de suiker op middelhoog vuur, onder voortdurend roeren. De suiker begint te smelten en samen te klonteren.

c) Blijf roeren totdat alle suiker is gesmolten en een diepe amberkleur krijgt. Zorg ervoor dat het niet verbrandt; dit kan ongeveer 5-7 minuten duren.

d) Zodra de suiker is gekarameliseerd, voeg je voorzichtig 1 kopje water toe aan de pan. Wees voorzichtig, want het mengsel zal krachtig opborrelen.

e) Roer de gekarameliseerde suiker en het water door elkaar tot alles goed gemengd is. Indien gewenst kun je op dit punt ook 1 theelepel vanille-extract toevoegen voor extra smaak.

f) Laat het mengsel een paar minuten sudderen, af en toe roeren, tot het iets dikker wordt. Dit duurt ongeveer 5 minuten.

g) Haal het karamelextract van het vuur en laat afkoelen tot kamertemperatuur.

h) Eenmaal afgekoeld, zeef je het karamelextract door een fijnmazige zeef of kaasdoek om eventuele onzuiverheden of vaste stukjes te verwijderen.

i) Breng het gespannen karamelextract over in een schone, luchtdichte container of een glazen fles met een goed sluitend deksel.
j) Bewaar het zelfgemaakte karamelextract op een koele, donkere plaats, zoals je voorraadkast. Het zal enkele maanden houdbaar zijn.

PECAN ZANDJES:
k) Meng alle ingrediënten goed in een kleine kom.
l) Bekleed een grote bakplaat met bakpapier en verdeel het deeg in 24 kleine hoopjes. Plaats de bakplaat 5-10 minuten in de vriezer om het deeg stevig te maken.
m) Haal het uit de vriezer en rol het deeg tot balletjes. Plaats ze terug op de bakplaat en zorg ervoor dat ze gelijkmatig verdeeld zijn in 6 rijen van 4.
n) Bedek de ballen met plasticfolie en neem een vitamineflesdop (of een soortgelijk voorwerp) die iets minder dan ½ inch dik is. Druk stevig op elke bal deeg en zorg ervoor dat deze goed tegen de bakplaat aandrukt.
o) Verwijder de plasticfolie en herhaal dit proces totdat alle koekjes gevormd zijn .
p) Bak op 325ºC gedurende 20 minuten of tot de koekjes goudbruin zijn.

24. Koekjesrepen met karamelkoekjes

INGREDIËNTEN:
- 1 ½ kopje bloem voor alle doeleinden
- 1 ½ kopjes snelkokende haver
- 1 kopje ongezouten boter, gesmolten
- 1 kopje bruine suiker
- 1 theelepel vanille-extract
- ½ theelepel zout
- 1 kopje koekjespasta
- 1 kopje karamelsaus

INSTRUCTIES:

a) Verwarm de oven voor op 175°C (350°F) en vet een ovenschaal van 9x9 inch in.

b) Meng in een kom de bloem, haver, gesmolten boter, bruine suiker, vanille-extract en zout. Meng tot alles goed gemengd is.

c) Druk tweederde van het havermengsel in de bodem van de voorbereide ovenschaal om de korst te vormen.

d) Bak de korst in de voorverwarmde oven gedurende 10 minuten.

e) Haal de korst uit de oven en laat iets afkoelen.

f) Verdeel de speculaas gelijkmatig over de korst.

g) Druppel de karamelsaus over de speculoospasta.

h) Strooi het resterende havermengsel over de karamellaag.

i) Zet de ovenschaal terug in de oven en bak nog eens 20-25 minuten of tot de bovenkant goudbruin is.

j) Haal de koekjes uit de oven en laat ze volledig afkoelen in de ovenschaal voordat je ze in vierkanten snijdt.

25. Madeleines van gezouten karamel en citroen

INGREDIËNTEN:
VOOR DE GEZOUTEN KARAMEL:
- ½ kopje suiker
- 4 eetlepels ongezouten boter
- ¼ kopje dubbele room
- 1 theelepel zout

VOOR DE MADELEINES:
- 100 gram boter, gesmolten
- 1 kopje suiker
- 2 eieren
- 1 theelepel vanille-extract
- 1 ½ kopje bloem voor alle doeleinden
- 1 theelepel bakpoeder
- ½ theelepel zuiveringszout
- ¼ kopje yoghurt
- Schil van 1 citroen

INSTRUCTIES:
BEREIDING VAN DE GEZOUTEN KARAMEL:
a) Smelt de suiker in een pan op laag vuur. Niet roeren; Draai de pan indien nodig voorzichtig heen en weer om een gelijkmatig smelten te garanderen.

b) Zodra de suiker een donker amberkleurige kleur krijgt, zet je het vuur uit.

c) voorzichtig en snel de slagroom toe aan de karamel en roer krachtig.

d) Voeg de boter en het zout toe aan de pan en blijf roeren tot de karamel glad is. Opzij zetten.

e) Verwarm de oven voor op 350 graden F (175 graden C).

BEREIDING VAN DE MADELEINES:
f) Meng de baking soda en de yoghurt in een kleine kom en zet opzij.

g) Klop in een mixer de eieren en de suiker op hoge snelheid tot het mengsel in omvang is verdubbeld. Voeg het vanille-extract toe.

h) Meng in een aparte kom de bloem en het bakpoeder voor alle doeleinden en voeg dit toe aan het suiker-eimengsel. Meng tot alles goed gemengd is.

i) Voeg het yoghurtmengsel en de citroenschil toe aan het beslag en roer tot het volledig is opgenomen.

j) Terwijl de mixer op lage snelheid staat, giet je langzaam de gesmolten boter erbij en meng je goed.

k) Spatel de eerder bereide gezouten karamel erdoor en laat het beslag 30 minuten in de koelkast rusten.

BAK DE MADELEINES:

l) Vet de Madeleinevormpjes in met boter en bestuif ze lichtjes met bloem.

m) Schep het beslag in elke vorm en vul ze voor ongeveer driekwart.

n) Bak de Madeleines in de voorverwarmde oven gedurende ongeveer 10 minuten of tot er een klein bultje op elke Madeleine ontstaat en ze goudbruin worden rond de randen.

o) Haal de Madeleines uit de oven en laat ze een paar minuten in de vormpjes afkoelen voordat je ze op een rooster legt om volledig af te koelen.

p) Geniet van deze heerlijke Madeleines met gezouten karamel als een zoete en heerlijke traktatie! De combinatie van de boterachtige Madeleinecake doordrenkt met gezouten karamel zorgt voor een heerlijke smaakbeleving. Perfect voor een theemoment of een speciale gelegenheid.

26. Gezouten karamel-appelkrokante lekkernijen

INGREDIËNTEN:
GEZOUTEN KARAMEL:
- 1 kopje kristalsuiker
- ¼ kopje koud water
- ½ kopje zware slagroom
- 4 eetlepels gezouten boter
- 1 theelepel zeezout
- ½ theelepel vanille

KRISPY-TRANSTEN:
- 4 kopjes miniatuur marshmallows
- 4 Eetlepels boter
- 6 kopjes Rice Krispies-ontbijtgranen
- 1 kopje gedroogde appelstukjes
- 1 kopje gezouten karamel

INSTRUCTIES:
GEZOUTEN KARAMEL:
a) Meng de suiker en het koude water in een middelgrote pan op middelhoog vuur.

b) Roer voortdurend en kook tot het mengsel een medium tot donker amberkleur krijgt.

c) Voeg de boter toe aan de karamel en roer alles ongeveer 1-2 minuten.

d) Zodra de boter volledig is gesmolten, giet je de room langzaam in de karamel.

e) Laat de karamel 2 minuten koken.

f) Haal van het vuur en voeg de vanille en het zout toe.

g) Laat de karamel afkoelen en dikker worden voordat je hem gebruikt.

KRISPY-TRANSTEN:
h) Smelt de boter in een grote pan op laag vuur.

i) Voeg de marshmallows en 1 kopje gezouten karamel toe en roer op laag vuur tot de marshmallows zijn gesmolten.

j) Haal de pan van het vuur en voeg de ontbijtgranen en appelstukjes toe aan het marshmallowmengsel.

k) Roer tot alle granen bedekt zijn.

l) Giet het mengsel in een voorbereide pan en druk stevig aan.

m) Besprenkel met meer gezouten karamel naar wens en laat afkoelen voordat je het in vierkanten snijdt.

27. met gezouten karamel en pecannoten

INGREDIËNTEN:
VOOR DE KRISPIE-TRANSTEN
- 3 eetlepels boter
- 8 ons vanille-marshmallows
- 4 ½ ons rijstkrispies

VOOR DE GEZOUTEN KARAMEL
- 10 ½ ons gecondenseerde melk
- 3 ons boter
- 3 ons donkerbruine suiker
- 3 eetlepels gouden siroop
- ¾ theelepel zeezout (afhankelijk van smaak)
- 4 ons pecannoten – grof gehakt

INSTRUCTIES:
a) Vet een diepe bakvorm van 20 x 20 cm in en bekleed deze met bakpapier.

MAAK DE KARAMEL:
b) Doe de gecondenseerde melk, boter, suiker en siroop in een pan met dikke bodem en smelt op middelhoog vuur, onder regelmatig roeren tot de suiker is opgelost.

c) Breng het mengsel aan de kook en laat het 2-3 minuten zachtjes koken. Haal van het vuur, roer het zeezout erdoor en zet opzij.

d) Doe 20 g boter in een kleine pan met dikke bodem. Verwarm op laag-medium tot het gesmolten is.

e) Voeg 110 g marshmallows toe en roer tot ze gesmolten zijn en goed gemengd zijn met de boter.

f) Meng snel de helft van de Rice Krispies erdoor.

g) Schep de marshmallow Krispies in het blik en verdeel het gelijkmatig. Druk het mengsel voorzichtig maar stevig aan, zodat er een stevige laag ontstaat. Gebruik een stukje cellofaan om deze taak gemakkelijker te maken, omdat het mengsel plakkerig zal zijn.

h) Roer de karamel door en giet deze over de Krispiebodem. Strooi de gehakte pecannoten erover en zet het 1-2 uur in de koelkast om op te stijven.

i) Maak met de overgebleven boter, marshmallows en rijstgranen nog een batch marshmallow Krispies. Schep het over de karamellaag en spreid de Krispies met cellofaan uit en druk zachtjes maar stevig aan.

j) Laat een uur opstijven voordat u het in vierkanten snijdt.

k) Luchtdicht bewaren en binnen 2 dagen genieten.

28. Gezouten Karamelblondies

INGREDIËNTEN:

- 1 kopje ongezouten boter, gesmolten
- 2 kopjes lichtbruine suiker
- 2 grote eieren
- 1 theelepel vanille-extract
- 2 kopjes All-purpose Flour
- ½ theelepel bakpoeder
- ½ theelepel zout
- ½ kopje gezouten karamelsaus

INSTRUCTIES:

a) Verwarm uw oven voor op 350 ° F en vet een ovenschaal in.
b) Meng in een mengkom de gesmolten boter en bruine suiker tot ze goed gemengd zijn.
c) Klop de eieren één voor één erdoor, gevolgd door het vanille-extract.
d) Meng in een aparte kom de bloem, het bakpoeder en het zout.
e) Voeg geleidelijk de droge ingrediënten toe aan het natte mengsel en roer tot alles net gemengd is.
f) Giet de helft van het blondiebeslag in de voorbereide ovenschaal en verdeel het gelijkmatig.
g) Giet de helft van de gezouten karamelsaus over het beslag.
h) Giet het resterende beslag erop, verdeel het gelijkmatig en besprenkel met de resterende gezouten karamelsaus.
i) Gebruik een mes om de karamelsaus door het beslag te roeren voor een gemarmerd effect.
j) Bak gedurende 25-30 minuten of tot de randen goudbruin zijn en een tandenstoker die in het midden wordt gestoken eruit komt met een paar vochtige kruimels.
k) Laat de blondies afkoelen voordat je ze in vierkanten snijdt.

29. Popcornsoufflés met gezouten karamel

INGREDIËNTEN:
- 125 ml volle melk
- 125 ml dubbele room
- 105 g kristalsuiker
- 25 g puddingrijst
- 1 vanillestokje, gespleten
- 75 g ongezouten boter, zacht
- 6 eiwitten
- 20 gram popcorn

GEZOUTEN KARAMELSAUS
- 100 g suiker, plus 75 g voor de schaaltjes
- 45 g gezouten boter, in stukjes gesneden
- 60 ml dubbele room
- ½ theelepel zeezout

INSTRUCTIES:

a) Verwarm de oven tot 140 graden Celsius en zet vier soufflévormen of schaaltjes van 9,5 x 5 cm in de koelkast om af te koelen.

b) Meng de melk, room, 15 g suiker, rijst, vanillestokje en een snufje zout in een ovenvaste pan.

c) Dek af en bak gedurende 2 uur of tot de rijst gaar is, roer elke 30 minuten.

d) Verwijder het vanillestokje, doe het mengsel in een blender en mix tot een gladde puree, zorg ervoor dat er geen rijstkorrels achterblijven. Dek af en laat afkoelen.

e) Strooi intussen voor de karamelsaus 100 g suiker over de bodem van een pan met dikke bodem.

f) Zet op middelhoog vuur en houd de suiker goed in de gaten terwijl deze begint te smelten.

g) Schud de pan af en toe om de suiker die nog niet is gesmolten te verdelen en gebruik, zodra deze is gesmolten, een siliconen spatel om de suiker bij elkaar te brengen, waarbij eventuele klontjes voorzichtig worden gebroken.

h) Als het een gladde, diep amberkleurige vloeistof is – zorg ervoor dat het niet verbrandt – roer er snel de boter door.

i) Giet langzaam de room erbij en roer tot er een glanzende, glanzende karamelsaus ontstaat. Roer het zeezout erdoor. Opzij zetten.
j) Als de vormpjes helemaal koud zijn, haal ze dan uit de koelkast en bestrijk de binnenkant royaal met de boter, zorg ervoor dat er geen plekjes gemist worden, en bestrijk ze tot aan de rand.
k) Doe de 75 g suiker in een schaaltje, draai het zodat de binnenkant volledig bedekt is met suiker, giet het overtollige suiker vervolgens in het volgende schaaltje en herhaal dit totdat ze allemaal bedekt zijn. Opzij zetten.
l) Doe de eiwitten in een grote kom en klop ze met een elektrische garde op hoge snelheid gedurende 1 minuut.
m) Voeg geleidelijk een kwart van de resterende suiker toe, klop nog een minuut en dan nog een kwart.
n) Herhaal dit totdat alle suiker is opgenomen.
o) Zodra alle suiker is toegevoegd, blijft u nog eens 30 seconden kloppen tot er stijve, glanzende pieken ontstaan.
p) Doe ondertussen de rijstepappuree en 15 g van de gezouten karamelsaus in een grote hittebestendige kom die boven een pan met kokend water staat.
q) Verwarm het mengsel voorzichtig, roer het door elkaar en haal het dan van het vuur.
r) Spatel een kwart van het opgeklopte eiwit door het rijstepapmengsel om het los te maken, en vouw vervolgens de rest erdoor totdat het goed is opgenomen.
s) Verwarm de oven tot 200C.
t) Schep het soufflémengsel in de voorbereide schaaltjes, waarbij u ze iets te vol maakt.
u) Gebruik een paletmes om de bovenkanten waterpas te maken.
v) Ga met uw samengeknepen duim en wijsvinger langs de binnenrand van elk van de vormpjes om ervoor te zorgen dat de soufflés recht omhoog komen.
w) Bestrooi de bovenkanten met de popcorn, leg ze op een bakplaat en bak ze op de middelste plank van de oven.

30.Met karamel en chocolade bedekte pretzels

INGREDIËNTEN:
- Krakelingstaven
- 1 kop karamel (onverpakt)
- 1 kopje chocoladestukjes
- Diverse toppings (bijvoorbeeld hagelslag, gemalen noten)

INSTRUCTIES:
a) Bekleed een bakplaat met bakpapier.
b) Smelt de karamels in een magnetronbestendige kom volgens de aanwijzingen op de verpakking.
c) Doop elk pretzelstaafje in de gesmolten karamel en laat het overtollige materiaal eraf druipen. Plaats de met karamel bedekte pretzels op de voorbereide bakplaat.
d) Zet de bakplaat ongeveer 15 minuten in de koelkast om de karamel op te laten stijven.
e) Smelt de chocoladestukjes in een andere magnetronbestendige kom in de magnetron en roer elke 30 seconden tot een gladde massa.
f) Dompel elk met karamel bedekt krakelingstaafje in de gesmolten chocolade, zodat het overtollige materiaal eraf kan druipen .
g) Bestrooi meteen met de toppings naar keuze terwijl de chocolade nog nat is.
h) Plaats de in chocolade gedoopte pretzels terug op de bakplaat en zet in de koelkast tot de chocolade is uitgehard.
i) Eenmaal opgesteven, haal het uit de koelkast en serveer.

31. Karamel Appelschijfjes

INGREDIËNTEN:
- Appels (elke soort), zonder klokhuis en in plakjes
- Karamel saus
- Toppings naar keuze (gehakte noten, geraspte kokosnoot, mini-chocoladestukjes, enz.)

INSTRUCTIES:

a) Dompel elk appelschijfje in de karamelsaus en bestrijk het gelijkmatig.

b) Leg de gecoate appelschijfjes op een met bakpapier beklede bakplaat.

c) Strooi de gewenste toppings over de met karamel bedekte appelschijfjes.

d) Zet de bakplaat ongeveer 10-15 minuten in de koelkast, zodat de karamel kan opstijven.

e) Serveer en geniet van je heerlijke karamelappelschijfjes!

32.Karamel Rijstcake Bites

INGREDIËNTEN:
- Rijstwafels
- Karamel saus
- Optionele toppings (chocoladeschilfers, hagelslag, gehakte noten, enz.)

INSTRUCTIES:
a) Verdeel een dun laagje karamelsaus over elke rijstwafel.
b) Strooi de gewenste toppings over de met karamel bedekte rijstwafels.
c) Zet de rijstwafels ongeveer 10-15 minuten in de koelkast, zodat de karamel kan opstijven.
d) Eenmaal uitgehard, snijd je de met karamel bedekte rijstwafels in hapklare stukjes.
e) Serveer en geniet van je karamelrijstwafelhapjes!

33.Met karamel gevulde dadels

INGREDIËNTEN:
- Dadels, ontpit
- Karamel snoepjes, onverpakt
- Optionele toppings (gehakte noten, geraspte kokosnoot, zeezout, enz.)

INSTRUCTIES:

a) Snijd elke dadel voorzichtig in de lengte open en verwijder de pit.
b) Plaats een karamelsnoepje in elke dadel.
c) Optioneel: Strooi je gewenste toppings over de met karamel gevulde dadels.
d) Serveer onmiddellijk of bewaar in een luchtdichte verpakking tot u klaar bent om ervan te genieten.
e) Geniet van je heerlijke met karamel gevulde dadels!

34.Karamel krakelingstaven

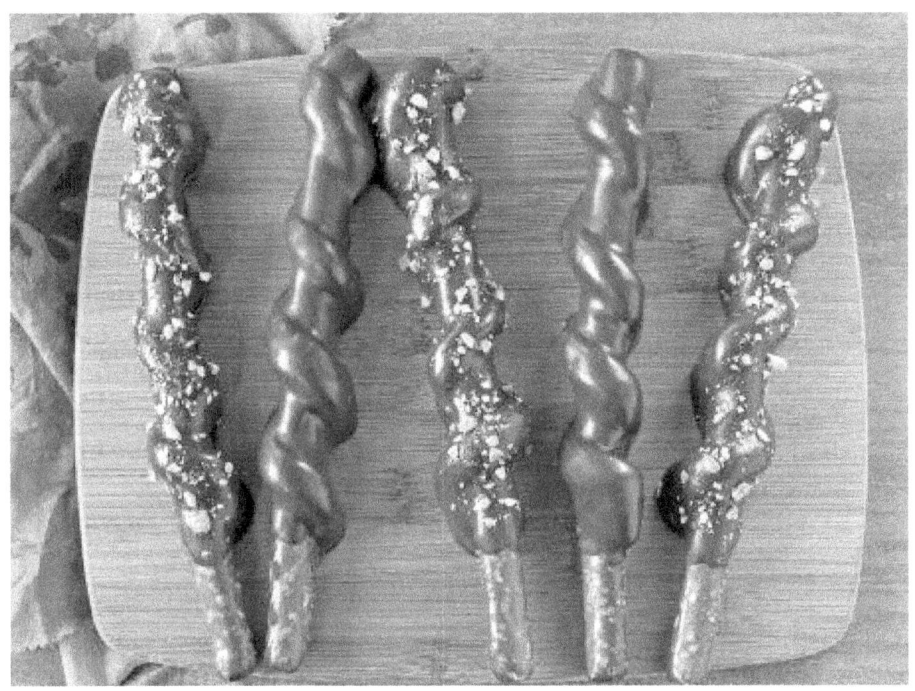

INGREDIËNTEN:
- Krakelingstaven
- Karamel snoepjes, onverpakt
- Optionele toppings (chocoladeschilfers, gemalen noten, hagelslag, enz.)

INSTRUCTIES:

a) Steek een krakelingstaafje in elk onverpakt karamelsnoepje en laat een deel van de krakeling vrij om vast te houden.

b) Magnetron de met karamel bedekte krakelingstaven in intervallen van 30 seconden totdat de karamel zacht en licht gesmolten is.

c) Optioneel: Rol de met gesmolten karamel bedekte pretzelstaven in de gewenste toppings.

d) Plaats de pretzelstaven op een met bakpapier beklede bakplaat en laat de karamel afkoelen en stollen.

e) Serveer en geniet van je karamelkrakelingstaven!

NAGERECHT

35.Cadbury-karamel-cheesecake

INGREDIËNTEN:

- 300 g spijsverteringskoekjes, gemalen
- 150 g ongezouten boter, gesmolten
- 600 g roomkaas, zacht
- 150 g kristalsuiker
- 1 theelepel vanille-extract
- 300 ml dubbele room
- 150 g Cadbury-chocolade, gehakt
- 150 g Cadbury Caramel-chocolade, gehakt
- Karamelsaus, om te besprenkelen

INSTRUCTIES:

a) Verwarm de oven voor op 180C/160C heteluchtgas 4.
b) Meng de gemalen koekjes en de gesmolten boter en druk dit in de bodem van een springvorm van 23 cm.
c) Bak gedurende 10 minuten in de oven, verwijder het dan en laat afkoelen.
d) Klop in een grote kom de roomkaas, suiker en vanille-extract tot een gladde massa.
e) Klop in een aparte kom de slagroom tot er zachte pieken ontstaan.
f) Spatel de slagroom door het roomkaasmengsel en spatel vervolgens de gehakte chocolade erdoor.
g) Giet de helft van het mengsel op de afgekoelde koekjesbodem en strijk de bovenkant glad.
h) Besprenkel met karamelsaus en bestrooi met de helft van de gehakte Cadbury Caramel chocolade.
i) Giet het resterende mengsel erop en strijk de bovenkant opnieuw glad.
j) Zet het minstens 2 uur in de koelkast, of tot het stevig is.
k) Versier met de overgebleven gehakte Cadbury Caramel-chocolade en besprenkel met meer karamelsaus voordat je het serveert.

36.Appel-karamel ondersteboven cake

INGREDIËNTEN:
- 1 grote appel, geschild, klokhuis verwijderd en in dunne plakjes gesneden
- 10 eetlepels Zoete boter, zacht
- 1 ¼ kopjes kristalsuiker, plus 3 eetlepels
- 2 eieren
- 1 kopje Pecannoten, gehakt
- 1 theelepel kaneel
- 2 kopjes Witte tarwebloem
- 1 theelepel bakpoeder
- ½ theelepel zuiveringszout
- ¼ theelepel zout
- 1 kopje zure room
- ½ theelepel Vanille-extract

INSTRUCTIES:

a) Schil de appel, verwijder het klokhuis en snij in dunne plakjes. Smelt 2 eetlepels boter in een 9-inch gietijzeren koekenpan op middelhoog vuur. Voeg de appelschijfjes toe en bak ze ongeveer 3 minuten tot ze geslonken zijn. Leg de appelschijfjes op een bord.

b) Zet het vuur hoog, voeg ¼ kopje suiker toe aan de koekenpan en kook, onder regelmatig roeren, tot de suiker smelt en goudbruin wordt, ongeveer 3 minuten. Haal de koekenpan van het vuur en verdeel de appelschijfjes in een cirkelpatroon over de bodem. Zet de koekenpan opzij.

c) Hak de pecannoten fijn en meng ze met 3 eetlepels suiker en de kaneel. Opzij zetten.

d) Zeef de bloem met bakpoeder, zuiveringszout en zout; opzij zetten.

e) Klop in een kom de resterende zachte boter totdat deze lichter wordt. Klop geleidelijk 1 kopje suiker, eieren (één voor één), zure room en vanille-extract erdoor. Spatel de droge ingrediënten door het beslag.

f) Zet het ovenrek in de middelste stand en verwarm de oven voor op 175 °C.

g) Strooi de helft van het pecannotenmengsel over de appels in de koekenpan. Verdeel de helft van het cakebeslag voorzichtig met je vingers of een lepel over de pecannoten. Strooi het resterende pecannotenmengsel over het beslag en verdeel het resterende cakebeslag over de pecannoten.

h) Bak de cake tot de bovenkant goudbruin is en een tandenstoker die je in het midden steekt er schoon uitkomt, ongeveer 45 minuten.

i) Laat de cake 5 minuten afkoelen op een rooster. Ga met een klein mes langs de rand van de cake en keer de cake voorzichtig om op een serveerschaal. Mochten er appelschijfjes aan de pan blijven plakken, maak deze dan los met een mes en verdeel ze over de taart.

j) Serveer de Appel-Karamel Upside Down Cake licht warm of op kamertemperatuur. Je kunt het afgedekt maximaal 2 dagen op kamertemperatuur bewaren. Genieten!

37. Karamel Vanille Espresso Cupcakes

INGREDIËNTEN:
CUPCAKES:
- 3 ½ kopjes bloem voor alle doeleinden
- 1 ¼ kopjes basterdsuiker
- 3 theelepels bakpoeder
- ½ theelepel fijn zout
- ½ kopje ongezouten boter, verzacht
- 2 grote eieren
- 1 ½ kopje volle melk
- ½ kopje plantaardige olie
- 2 eetlepels Griekse yoghurt of zure room
- 1 theelepel vanille-extract of vanillebonenpasta
- 5 eetlepels Kahlua
- ¾ kopje gezouten karamelsaus
- Koffiebonen ter decoratie

GLAZUUR:
- 1 partij luchtige vanille-botercrèmeglazuur
- 5 eetlepels Kahlua

WODKA CHOCOLADESAUS:
- 1 ¼ kopje chocoladesaus
- 3 eetlepels wodka

INSTRUCTIES:
a) Verwarm de oven voor op 160 °C (320 °F) voor een heteluchtoven, of op 180 °C (356 °F) voor een conventionele oven. Bekleed een cupcakeblik met cupcakevormpjes.

b) Meng de bloem, bakpoeder, basterdsuiker en zout in de kom van een keukenmixer voorzien van het paddle-opzetstuk. Meng een paar minuten op lage snelheid tot alles goed gemengd is . Als alternatief kunt u de droge ingrediënten samen zeven.

c) Voeg de zachte boter toe aan de droge ingrediënten en meng tot het lijkt op een fijne zandachtige textuur.

d) Klop in een grote kan de melk, eieren, yoghurt (of zure room), olie en vanille-extract samen.

e) Voeg geleidelijk de natte ingrediënten toe aan de droge ingrediënten in een langzame en gestage stroom, en meng totdat er geen droge ingrediënten meer zichtbaar zijn. Schraap de kom naar beneden en meng nog eens 20 seconden.

f) Vul elke cupcake-voering ongeveer ¾ van de volledige rand. Een ijsschep kan dit proces snel en gemakkelijk maken, of je kunt twee eetlepels gebruiken.

g) Bak de cupcakes gedurende 20-25 minuten, of totdat een ingestoken tandenstoker er schoon uitkomt. Laat ze volledig afkoelen op een draadkoelrek voordat u ze gaat glazuren.

h) Bereid de wodka-chocoladesaus door de wodka en chocoladesaus te combineren.

i) Meng voor het glazuur de vanillebotercrèmeglazuur met 5 eetlepels Kahlua.

j) Zodra de cupcakes zijn afgekoeld, dompel je de bovenkant van elke cupcake in Kahlua en laat je het overtollige water eraf druipen. Kern het midden van elke cupcake en vul deze met de wodka-chocoladesaus.

k) Plaats een spuitzak met een spuitmondje en spuit de cupcakes in een wervelpatroon.

l) Maak elke cupcake af met een scheutje gezouten karamelsaus en versier met twee koffiebonen erop.

38.Tiramisu van chocolade- en karamelmousse

INGREDIËNTEN:
- 400 g pure chocolade, gehakt
- 400 g melkchocolade, gehakt
- 6 eieren, gescheiden
- 1 ½ titanium-sterkte gelatineblaadjes, verzacht in koud water
- 900 ml verdikte crème
- 2 theelepels vanillebonenpasta
- ½ kopje kristalsuiker
- 1 kopje koffielikeur
- 400 gram lange vingerskoekjes
- Cacao, tot stof

KARAMEL MOUSSE
- 800 ml verdikte crème
- 2 gelatineblaadjes met titaniumsterkte, verzacht in koud water
- 2 potten dulce de leche van 250 g, lichtjes geslagen om los te maken

INSTRUCTIES:
a) Doe de chocolaatjes in een hittebestendige kom, zet deze op een pan met kokend water en roer tot ze gesmolten en glad zijn. Laat het iets afkoelen en doe het dan in een keukenmixer met het paddle-opzetstuk.

b) Klop de eidooiers erdoor.

c) Doe 300 ml room in een kleine pan op laag vuur en breng aan de kook. Knijp het overtollige water uit de gelatine en roer het door de room tot het gesmolten en gemengd is. In 3 batches het chocolademengsel tot een gladde massa kloppen. Doe het over in een grote, schone kom.

d) Klop de resterende 600 ml room met vanille tot stijve pieken. Chill.

e) Doe de eiwitten in een keukenmixer met het gardeopzetstuk en klop tot stijve pieken. Voeg suiker toe, 1 eetlepel per keer, en klop tot het is opgelost en het mengsel glanzend is.

f) Spatel de slagroom door een chocolademengsel en spatel vervolgens in 2 porties het opgeklopte eiwit erdoor. Chill tot klaar om te monteren.

g) Doe voor de karamelmousse 200 ml room in een kleine pan op laag vuur en breng aan de kook. Knijp het overtollige water uit de gelatine en roer het door de room tot het gesmolten en gemengd is. Iets afkoelen. Doe de resterende 600 ml room in een keukenmixer met het gardeopzetstuk en klop tot zachte pieken. Vouw het losgemaakte mengsel van dulce de leche en gelatine erdoor tot het gemengd is. Laat 30 minuten afkoelen.

h) Doe de koffielikeur in een grote kom. Dompel de helft van de lange vingers in de likeur en schik ze in een dubbele laag op de bodem van een serveerschaal van 6 liter. Schep er de helft van de chocolademousse op.

i) Doop de overige koekjes in de likeur en plaats ze in een dubbele laag bovenop de mousse. Bestrijk met karamelmousse en strijk de bovenkant glad met een paletmes. Zet 2-3 uur in de koelkast tot het opgesteven is. Doe de resterende chocolademousse in een spuitzak met een gladde spuitmond van 1 cm en zet tot gebruik in de koelkast.

j) Spuit de overgebleven chocolademousse over de karamelmousse. Zet 4-5 uur of een nacht in de koelkast tot het is opgesteven. Bestrooi met cacao, om te serveren.

39.Snicker karamel appeltaart

INGREDIËNTEN:
VOOR DE KORST:
- 2 kopjes All-purpose Flour
- ½ theelepel zout
- ⅔ kopje ongezouten boter, koud en in kleine stukjes gesneden
- 4-5 eetlepels ijswater

VOOR DE VULLING:
- 5-6 middelgrote appels (zoals Granny Smith), geschild, klokhuis verwijderd en in dunne plakjes gesneden
- ½ kopje kristalsuiker
- ¼ kopje bloem voor alle doeleinden
- 1 theelepel gemalen kaneel
- ¼ theelepel gemalen nootmuskaat
- ¼ theelepel zout
- 1 kopje Snickers-repen, in kleine stukjes gesneden
- ½ kopje karamelsaus

VOOR DE TOPPING:
- ½ kopje bloem voor alle doeleinden
- ½ kopje gerolde haver
- ½ kopje bruine suiker
- ¼ theelepel gemalen kaneel
- ¼ kopje ongezouten boter, gesmolten

INSTRUCTIES:
a) Verwarm uw oven voor op 190°C.

b) Meng in een grote mengkom de bloem en het zout voor de korst. Voeg de koude boter toe en gebruik een deegsnijder of je vingers om de boter door de bloem te snijden totdat het mengsel op grove kruimels lijkt.

c) Voeg geleidelijk het ijswater toe, eetlepel per keer, terwijl je het deeg met een vork mengt. Meng tot het deeg samenkomt en een bal vormt. Zorg ervoor dat u niet overmixt.

d) Verdeel het deeg in tweeën en rol één portie uit op een licht met bloem bestoven oppervlak. Breng het opgerolde deeg over in een taartvorm van 9 inch en druk het in de bodem en langs de zijkanten. Snijd eventueel overtollig deeg af.

e) Meng in een aparte kom de gesneden appels, kristalsuiker, bloem, kaneel, nootmuskaat en zout voor de vulling. Meng tot de appels gelijkmatig bedekt zijn .

f) Verdeel de gehakte Snickers-repen over de bodem van de taartbodem . Giet de karamelsaus over de Snickers-laag. Leg vervolgens het appelmengsel erop.

g) Meng in een kleine kom de bloem, havermout, bruine suiker, kaneel en gesmolten boter voor de topping. Roer totdat het mengsel kruimelig wordt.

h) Strooi het toppingmengsel gelijkmatig over de appelvulling.

i) Dek de taart losjes af met aluminiumfolie en plaats hem op een bakplaat om eventuele druppels op te vangen. Bak gedurende 40 minuten.

j) Verwijder de folie en bak nog eens 20-25 minuten, of tot de korst goudbruin is en de appels zacht zijn.

k) Eenmaal gebakken, haal je de taart uit de oven en laat je hem afkoelen op een rooster.

l) Serveer de Snickers Caramel Appeltaart warm of op kamertemperatuur. Genieten!

40.Karamel Popcorn Extravaganza Cupcakes

INGREDIËNTEN:
CUPCAKES:
- 3 ½ kopjes bloem voor alle doeleinden
- 1 ¼ kopjes superfijne basterdsuiker
- 3 theelepels bakpoeder
- ½ theelepel fijn zout
- ½ kopje ongezouten boter, verzacht
- 2 grote eieren
- 1 ½ kopje volle melk
- ½ kopje plantaardige olie
- 2 eetlepels Griekse yoghurt of zure room
- 1 theelepel vanille-extract of vanillebonenpasta
- 1 kopje Butterscotch-saus
- ¾ kopje geroomde maïs
- Karamel-popcorn

GLAZUUR:
- 1 partij Fluffy Buttercream-glazuur

INSTRUCTIES:
CUPCAKES:

a) Verwarm de oven voor op 180°C.

b) Combineer de droge ingrediënten (bloem, basterdsuiker, bakpoeder en zout) in de kom van een keukenmixer voorzien van het paddle-opzetstuk en meng op lage snelheid.

c) Meng in een aparte kom alle natte ingrediënten (yoghurt, eieren, maïsroom, melk, olie en vanille).

d) Voeg de zachte boter toe aan de droge ingrediënten en meng tot het beslag korrelig lijkt met een zandachtige textuur.

e) Voeg geleidelijk de natte ingrediënten toe in een langzame en gestage stroom en meng tot alles goed gemengd is. Schraap de kom naar beneden om er zeker van te zijn dat alle ingrediënten zijn opgenomen.

f) Schep het beslag in voorbereide cupcakevormpjes bekleed met cupcakepapiertjes en vul ze voor ongeveer ¾.

g) Bak gedurende 20-25 minuten of totdat een in het midden gestoken spiesje vochtige kruimels naar buiten brengt.

h) Zodra de cupcakes volledig zijn afgekoeld, maak je met een mes of appelboor een gat in het midden van elke cupcake. Vul de gaten met butterscotchsaus.

GLAZUUR:

i) Maak een partij Fluffy Buttercream-glazuur klaar.

MONTAGE:

j) Gebruik een spuitmondje met een gewone punt om de cupcakes met de botercrèmeglazuur te spuiten.

k) Druppel nog meer butterscotchsaus over de frosted cupcakes .

l) Bestrijk elke cupcake met een cluster karamelpopcorn.

41. Gezouten karamel en notendacquoise

INGREDIËNTEN:
VOOR DE MENINGUES:
- 250 gram poedersuiker
- 150 g gehakte hazelnoten
- 150 g gemalen amandelen
- 9 grote eiwitten (of 360 g vloeibaar eiwit)
- 100 g kristalsuiker

VOOR DE GEZOUTEN KARAMEL:
- 250 g kristalsuiker
- 150 ml dubbele room
- Snufje zeezoutvlokken

VOOR DE GANACHE:
- 100 g melkchocolade, in stukjes gebroken
- 50 g pure chocolade 70%, in stukjes gebroken
- 150 ml dubbele room

VOOR DE ITALIAANSE MERINGUE BOTERCRÈME:
- 3 grote eiwitten (of 120 g vloeibaar eiwit)
- 280 g kristalsuiker
- 275 g ongezouten boter, zacht
- 1 theelepel vanillepasta

VOOR DE HONINGRAAT:
- 350 g kristalsuiker
- 8 eetlepels gouden siroop
- 2 theelepels zuiveringszout

VERSIEREN:
- 100 g amandelschaafsel, geroosterd

VOOR DE SUIKERKOEPEL (OPTIONEEL):
- 100 g kristalsuiker
- 50 g vloeibare glucose

APPARATUUR:
- Taartvorm van 26 cm
- Bakplaten x3, elk bekleed met bakpapier
- Suikerthermometer
- Bakvorm, bodem bekleed met bakpapier
- Hittebestendige kom van 20 cm, buitenkant bedekt met 2 lagen hittebestendige huishoudfolie

- Medium spuitzak voorzien van een medium open stermondstuk
- Taartring of taartvorm van 16 cm, geolied

INSTRUCTIES:
a) Gebruik de cakevorm als richtlijn en teken een potloodcirkel op elk stuk papier dat de bakplaten bekleedt. Leg de stukjes papier terug op de bakplaten, met de potloodzijde naar beneden.
b) Verwarm de oven tot 190°C/170°C hetelucht/375°F/gasstand 5.
c) Maak de schuimgebakjes. Doe de poedersuiker, gehakte hazelnoten en gemalen amandelen in een keukenmachine. Blend tot het mengsel op fijn broodkruim lijkt.
d) Klop de eiwitten in de kom van een keukenmixer voorzien van de garde, op gemiddelde snelheid gedurende 3-5 minuten, totdat de eiwitten zachte pieken vertonen.
e) Voeg de suiker toe, 1 eetlepel per keer, en klop tussen elke toevoeging goed op gemiddelde snelheid tot het mengsel glad is en de suiker grondig is opgenomen. Blijf kloppen tot alle suiker is toegevoegd en de meringue helderwit, zijdezacht en zeer stijf is (10-15 minuten).
f) Spatel met een grote metalen lepel het notenmengsel erdoor en zorg ervoor dat u de lucht niet uit de meringue slaat.
g) Verdeel het meringuemengsel met behulp van de lepel gelijkmatig over de drie bakplaten en spreid het uit in een schijf om de cirkelsjabloon te vullen.
h) Bak de meringueschijven gedurende 25 minuten, tot ze licht goudbruin zijn. Haal ze uit de oven en plaats de meringueschijven op een rooster. Laat afkoelen en verwijder voorzichtig het bakpapier.
i) Maak ondertussen de gezouten karamel klaar. Verhit de suiker met 3 eetlepels water in een pan met dikke bodem op laag vuur, waarbij je de pan af en toe zachtjes ronddraait (maar niet roert), totdat de suiker is opgelost.
j) Verhoog het vuur, breng de siroop aan de kook en blijf koken, zonder te roeren, totdat deze amberkleurig wordt. Haal dan de pan van het vuur.
k) Giet er voorzichtig de room en de zeezoutvlokken in een gestage stroom onder voortdurend kloppen bij. Als de karamel begint uit te

harden, zet het vuur dan terug en klop tot het helemaal glad is. Laat volledig afkoelen.

l) Maak de chocoladeganache. Doe beide chocolaatjes in een hittebestendige kom. Giet de room in een middelgrote pan en plaats op middelhoog vuur. Breng aan de kook, haal de pan onmiddellijk van het vuur en giet de room over de chocolade. Laat het 2 minuten staan, tot het glad is. Opzij zetten.

m) Maak de Italiaanse meringue-botercrème. Doe de suiker en 3 eetlepels water in een kleine pan op laag vuur. Zodra de suiker is opgelost, verhoogt u het vuur tot het snel kookt totdat de siroop een temperatuur van 121°C op de suikerthermometer bereikt.

n) Klop ondertussen de eiwitten in de kom van een staande mixer uitgerust met de garde, op gemiddelde snelheid tot de eiwitten zachte pieken bevatten.

o) Haal de siroop van het vuur en giet de hete siroop, met de garde op volle snelheid, langzaam in een dun straaltje over het eiwit. Blijf kloppen tot de meringue erg dik en glanzend is en de kom koel aanvoelt.

p) Voeg geleidelijk de boter toe en klop na elke toevoeging tot de botercrème glad en dik is.

q) Giet de afgekoelde karamel door de meringue-botercrème en klop tot deze volledig is opgenomen. Laat de botercrème afkoelen tot u klaar bent om hem te gebruiken.

r) Maak de honingraat. Doe de suiker en de gouden siroop in een diepe, middelgrote pan en zet deze op laag vuur. Zodra de suiker en de siroop zijn opgelost, verhoogt u het vuur tot het snel kookt totdat de siroop een temperatuur van 150°C op de thermometer bereikt.

s) Voeg het zuiveringszout toe en klop voorzichtig om het op te nemen. Giet het borrelende honingraatmengsel snel in de beklede bakvorm. Laat het volledig uitharden (slechts een paar minuten) en breek het dan in scherven.

OM DE DACQUOISE TE MONTEREN

t) Leg een van de meringuelagen op een grote, platte serveerschaal en besmeer deze met een derde van de meringuebotercrème. Leg er nog een meringuelaagje op en besmeer met de chocoladeganache. Bestrijk met de laatste meringuelaag.

u) Bewaar ¼ van de overgebleven botercrème en verdeel de rest over de bovenkant en zijkanten.

v) Schep de bewaarde botercrème in de spuitzak met stermondstuk en spuit toefjes meringuebotercrème langs de bovenrand van de dacquoise.

w) Druk de geroosterde amandelschilfers op de zijkanten van de dacquoise en plaats deze in de koelkast om af te koelen.

x) Maak de suikerkoepel, indien gebruikt. Doe de suiker, glucose en 3 eetlepels water in een kleine pan op laag vuur. Zodra de suiker is opgelost, verhoogt u het vuur tot het snel kookt totdat de siroop een temperatuur van 145°C op de thermometer bereikt. Laat de suiker afkoelen tot de temperatuur daalt tot 115°C.

y) Plaats de cakering op het plasticfolieoppervlak boven de kom en giet de siroop voorzichtig in het midden van de ring. Oefen lichte druk uit met uw vingertoppen rond de buitenkant van de taartring, waardoor de suikerkoepel langzaam naar boven komt. Houd gedurende 5-10 minuten een gelijkmatige druk aan, terwijl de koepel hard wordt. Verwijder voorzichtig de cakering van de bodem van de suikerkoepel.

z) Plaats scherven honingraat rond de rand van de dacquoise, zodat er een ring ontstaat met de spuitroombotercrème en schik wat honingraat in het midden. Als je de suikerkoepel hebt gemaakt, plaats je deze in het midden van de dacquoise.

aa) Serveer onmiddellijk.

42. Appeltaart met gezouten karamel

INGREDIËNTEN:
TAARTEKORST (Voor: 2 KORSTJES):
- 2 ½ kopjes bloem voor alle doeleinden
- 1 theelepel koosjer zout
- 1 eetlepel kristalsuiker
- ½ pond koude ongezouten boter
- 1 kopje koud water
- ¼ kopje appelazijn

KARAMEL (Voor: GENOEG VOOR 2 TAARTJES):
- 1 kopje kristalsuiker
- ¼ kopje ongezouten boter
- ½ kopje zware slagroom
- ½ theelepel zeezout

APPELTAARTVULLING (Voor: GENOEG VOOR 1 TAART):
- 3 pond Granny Smith-appels
- 1 eetlepel kristalsuiker
- Citroensap, indien nodig (ongeveer ¼ kopje)
- 2-3 scheutjes Angostura Bitters
- ⅓ kopje suiker in ruwe vorm
- ¼ theelepel gemalen kaneel
- ¼ theelepel gemalen piment
- Snufje vers geraspte nootmuskaat
- ¼ theelepel koosjer zout
- 2 eetlepels bloem voor alle doeleinden
- 2 eetlepels maizena
- 1 ei (voor het wassen van eieren)
- Onbewerkte suiker voor de afwerking

INSTRUCTIES:
VOOR DE TAARTKORST:
a) Roer de bloem, het zout en de suiker in een kom.

b) Gebruik een kaasrasp om de koude boter door het bloemmengsel te raspen.

c) Combineer water en azijn afzonderlijk in een kleine kom. Koud houden.

d) Voeg met je handen langzaam 2 eetlepels water/azijnmengsel toe aan het bloemmengsel tot het gemengd is. Sommige
e) droge stukjes achterblijven; Dit is oke.
f) Verdeel het deeg in 2 delen en wikkel elk deel afzonderlijk in plasticfolie. Zet het in de koelkast om minimaal een uur of een nacht te laten afkoelen. Let op: Kan maximaal 3 weken worden ingevroren .
g) Rol een deel gekoeld taartdeeg afzonderlijk uit (elke sectie is één korst) op een licht met bloem bestoven oppervlak.
h) Plaats de opgerolde korst in een ingevette taartvorm van 9 inch.

VOOR DE KARAMEL:
i) Smelt de suiker in een pan op laag vuur. Laat het NIET branden.
j) Zodra de suiker is gesmolten , haal je het van het vuur. Klop de boter erdoor.
k) Roer de zware slagroom en zeezout erdoor.
l) Laat het afkoelen.

VOOR DE APPELTAARTVULLING:
m) Appels schillen, klokhuis verwijderen en in stukjes snijden. Plaats in de container van 8 liter. Meng elk stuk met citroensap en 1 eetlepel kristalsuiker.
n) Bestrooi de appels met bitters, suiker in de rauwe, gemalen kaneel, piment, nootmuskaat, koosjer zout, bloem voor alle doeleinden en maizena.
o) Goed mengen.
p) Leg de appels stevig in de voorbereide taartvorm en druk de appels lichtjes in het midden.
q) Giet ¾ kopje gekoelde karamelsaus gelijkmatig over de appels.
r) Rol het resterende taartbodemdeeg uit als de bovenste korst voor de taart; maak indien gewenst een rooster. Knijp de randen van de twee taartbodems samen.
s) Laat de taart 10-15 minuten afkoelen voordat u hem gaat bakken.
t) Bak gedurende 20 minuten op 400 graden; bak nog eens 30 minuten op 375 graden. Zorg ervoor dat u de taart draait als deze tijdens het bakken aan één rand donker wordt.
u) Laat 2-3 uur afkoelen voordat u het serveert. Snijd in 7 plakjes.

43. Klassieke Franse Crème au Caramel

INGREDIËNTEN:
- 1 ½ kopjes suiker, verdeeld
- ¼ theelepel citroensap
- 2 kopjes volle melk
- 1 kopje zware room
- 2 grote eieren
- 3 grote eidooiers
- 1 snufje zout
- 2 theelepels puur vanille-extract

INSTRUCTIES:
a) Verwarm de oven voor op 163°C (325°F).
b) Voeg in een pan 1 kopje suiker toe, samen met het citroensap en 2 theelepels water.
c) Verhit op middelhoog vuur en roer met een houten lepel of draai de pan rond tot de suiker een diepbruine kleur krijgt, wat ongeveer 6 tot 8 minuten duurt. Wees voorzichtig en laat de pan niet onbeheerd achter, want karamel kan gemakkelijk verbranden.
d) Verdeel de karamel op dezelfde manier over de bodem van 4 tot 5 (6 ounce) schaaltjes.
e) Draai de karamel rond zodat deze de bodem bedekt en net iets omhoog langs de zijkanten van elk schaaltje. Zet ze opzij.
f) Verwarm de melk en slagroom in een aparte pan op middelhoog vuur tot het net heet is maar niet kookt. Haal het van het vuur.
g) Klop in een grote kom de eieren, de eierdooiers en een halve kop suiker tot ze goed gemengd zijn.
h) Klop langzaam de hete melk erdoor en voeg lepel voor lepel toe, totdat deze volledig is opgenomen in de eieren. Klop vervolgens het zout en het vanille-extract erdoor.
i) Giet het custardmengsel over de karamel in elk schaaltje.
j) Plaats de ramekins in een braadpan. Giet voorzichtig kokend water op de bodem van de braadpan en zorg ervoor dat u het niet in de schaaltjes laat spetteren of gieten.
k) Zet de braadslede op het onderste rek van de oven en bak 20 tot 25 minuten, of tot de custard nog schudt maar net is uitgehard.

l) Haal de schaaltjes uit de braadpan met een tang of een hete pad. Laat ze iets afkoelen, wikkel ze vervolgens in plasticfolie en plaats ze minimaal 3 uur of maximaal 24 uur in de koelkast.

m) Gebruik voor het serveren een scherp mes om de vla langs de rand van elk schaaltje los te maken. Schep de vla vervolgens op een bord en serveer onmiddellijk.

n) Geniet van uw heerlijke Klassieke Franse Crème au Caramel!

44.Turkse Hazelnoot Karamel Rijstpudding

INGREDIËNTEN:
- 1 kop gebroken rijst
- 1 kopje heet water
- 5 kopjes melk
- 1 kopje zware room
- 1 kopje kristalsuiker
- 1 eetlepel rijstmeel
- 1 pakje vanille-extract

Voor de topping:
- 1 kopje kristalsuiker
- ¼ kopje zware room
- 1 kop hazelnoten

INSTRUCTIES:

a) Kook de rijst 5 minuten in heet water. Voeg vervolgens de verwarmde melk toe en kook al roerend snel tot de rijst zacht wordt.

b) Meng in een aparte kom de slagroom, kristalsuiker en rijstmeel. Voeg dit mengsel vervolgens toe aan de pot en roer snel. Voeg als het dikker wordt het vanille-extract toe en meng.

c) Verdeel het mengsel in serveerschalen en zet opzij.

d) Smelt voor de topping de kristalsuiker in een aparte pan. Verwarm in een andere container de slagroom. Voeg de gesmolten suiker toe aan de room en roer. Laat het afkoelen.

e) Rooster de hazelnoten in een pan en voeg ze toe aan het afgekoelde karamelmengsel.

f) Giet een eetlepel van het hazelnoot-karamelmengsel over elke portie rijstepap.

g) Serveer en geniet van uw Hazelnoot Karamel Rijstpudding!

45. Karamel Macchiato-mousse

INGREDIËNTEN:
- 1 kopje zware room
- 2 eetlepels poedersuiker
- 2 eetlepels karamelsaus
- 2 eetlepels oploskoffiekorrels
- ½ theelepel vanille-extract
- Slagroom en karamelmotregen voor garnering (optioneel)

INSTRUCTIES:
a) Klop in een mengkom de slagroom, poedersuiker, karamelsaus, oploskoffie en vanille-extract tot er zachte pieken ontstaan.
b) Verdeel het moussemengsel in serveerglaasjes of kommen.
c) Zet minimaal 2 uur in de koelkast, zodat de mousse kan opstijven.
d) Garneer voor het serveren met een toefje slagroom en eventueel een scheutje karamelsaus.

46. Sinaasappelbavarois met karamel

INGREDIËNTEN:
VOOR DE BAVAROIS:
- 3 sinaasappelen
- ½ Citroen
- 3 eieren
- 100 g suiker
- 4 gelatineblaadjes
- 250 ml room
- 1 schot Cointreau

VOOR DE KARAMEL:
- 100 g suiker

INSTRUCTIES:
a) Pers twee van de drie sinaasappels uit en zeef het sap door een fijne zeef. Voeg het sap van een halve citroen en wat fijn geraspte citroenschil toe aan het sap.
b) Week de gelatineblaadjes in koud water en klop de slagroom stijf.
c) Breng wat water aan de kook (in de kookpan). Deze wordt gebruikt voor het au bain-marie kloppen van de eieren.

WHISKEN:
d) Voeg de eieren toe aan de hittebestendige kom en plaats deze kom op de kookpan. Zorg ervoor dat de kom het water niet raakt.
e) Zodra het water kookt, zet je het vuur lager. Gebruik een garde om de eieren op te kloppen tot ze lichtgeel en luchtig worden. Verwijder alle grote bellen.

GELATINE:
f) Giet wat sinaasappelsap in een bakvorm, voeg de gelatineblaadjes toe en breng dit aan de kook zodat alle gelatine is opgelost.
g) Giet de rest van het sinaasappelsap en de Cointreau langzaam in de hittebestendige kom. Voeg lepel voor lepel suiker toe. Blijf nog 5 minuten kloppen.
h) Haal de kom van het vuur en giet het warme sinaasappelsap (met gelatine) erbij. Klop dit nog 2 minuten door en voeg dan de slagroom toe.
i) Giet het Bavaroismengsel in de glazen en zet ongeveer 4-6 uur in de koelkast.

KARAMEL:
j) Voeg in een bakvorm met antiaanbaklaag de suiker en 4 eetlepels water toe. Bestrijk de zijkanten van de pan met water om kristallisatie te voorkomen.
k) Maak de karamel op laag tot middelhoog vuur.
l) Verdeel een dun laagje olie op bakpapier en plaats deze in een hittebestendige diepe schaal.
m) Als de karamel bruin is, giet je deze voorzichtig in de diepe schaal. Laat de karamel volledig afkoelen.
n) Beleg de Bavarois met sinaasappelpartjes en de afgekoelde karamel.

47. Rozemarijn Karamel Pot de crème

INGREDIËNTEN:
- 2 kopjes volle melk
- 1 kopje kristalsuiker
- 1 takje verse rozemarijn
- 6 grote eidooiers
- 1 theelepel vanille-extract
- Schilferig zeezout voor garnering

INSTRUCTIES:

a) Verwarm in een pan de volle melk en de kristalsuiker tot het kookt.

b) Voeg het takje verse rozemarijn toe aan het melkmengsel en laat het 15 minuten trekken.

c) Verwijder de rozemarijn en breng het melkmengsel opnieuw aan de kook.

d) Klop in een aparte kom de eidooiers en het vanille-extract tot alles goed gemengd is.

e) Giet het hete, met rozemarijn doordrenkte melkmengsel langzaam bij de eidooiers terwijl u voortdurend blijft kloppen.

f) Giet het mengsel in individuele potjes de creme kopjes en zet het minimaal 3 uur in de koelkast voordat je het serveert.

g) Strooi voor het serveren een snufje zeezout over elke pot de creme.

48.Tiramisu-vlaai

INGREDIËNTEN:
VOOR DE KARAMEL
- 150 g suiker
- 15 g Water
- 10 g Citroensap

VOOR DE VLAK
- 284 g Mascarpone 0% Lactose
- 284 g Lactosevrije melk
- 270 g ei (4 liter eieren)
- 160 g suiker
- 10 g Oploskoffie

INSTRUCTIES:
KARAMEL :
a) Doe de suiker, citroen en water in een pan.
b) Zet op middelhoog vuur en laat staan tot het goudbruin kleurt.
c) Doe de hete karamel in de dariolevorm.

VLAAI
a) Meng Mascarpone 0% Lactose met alle overige ingrediënten met behulp van een blender.
b) Giet het romige mengsel in de gekarameliseerde vorm en kook op 150ºC in de oven met een dubbele boiler gedurende 30 minuten.
c) Haal het uit de oven en bewaar het 2 uur in de koelkast voordat je het uit de vorm haalt.

49. Wafelcoupes met karamelsaus

INGREDIËNTEN:
- Wafels
- Vanille-ijs
- Karamel saus
- Toppings naar keuze: slagroom, chocoladesiroop, gehakte noten, hagelslag, etc.

INSTRUCTIES:
a) Bereid de wafels naar eigen voorkeur. Je kunt een broodrooster of oven gebruiken om kant-en-klare wafels op te warmen of verse wafels maken met een wafelijzer.
b) Als de wafels klaar zijn, laat je ze iets afkoelen, zodat ze warm maar niet gloeiend heet zijn.
c) Plaats een warme wafel op een bord of in een kom als basis voor uw ijscoupe.
d) Voeg een bolletje of twee vanille-ijs toe bovenop de wafel.
e) Druppel een royale hoeveelheid karamelsaus over het ijs.
f) Voeg eventueel extra toppings toe, zoals slagroom, chocoladesiroop, gehakte noten of hagelslag.
g) Herhaal de lagen indien gewenst met nog een wafel, ijs, karamelsaus en toppings.
h) Serveer de wafelcoupe meteen en geniet van de combinatie van knapperige wafels, romig ijs en heerlijke karamelsaus.

50.Banana Karamelcrème Crêpes

INGREDIËNTEN:
VOOR DE HUISGEMAAKTE CRÈME KARAMEL:
- 1 kopje kristalsuiker
- ¼ kopje water
- 4 grote eieren
- ½ kopje kristalsuiker
- 2 kopjes volle melk
- 1 theelepel vanille-extract

VOOR DE CRÊPES:
- 6 Kant-en-klare Crêpes

VOOR DE BANANA CARAMEL CRÈME VULLING:
- 4 Bananen, verdeeld gebruik
- 8-ounce container zelfgemaakte roomkaramel
- Gearomatiseerde yoghurt
- ½ kopje slagroom of bevroren zuivelvrije topping, ontdooid, plus extra voor garnering
- Ahorn- of chocoladesiroop

INSTRUCTIES:
BEREIDING VAN DE ZELFGEMAAKTE CRÈME KARAMEL:
a) Meng in een kleine pan 1 kopje kristalsuiker en ¼ kopje water.
b) Verwarm het mengsel op middelhoog vuur zonder te roeren.
c) Laat het koken totdat het een diepe amberkleur krijgt. Draai de pan af en toe rond om een gelijkmatige karamellisatie te garanderen. Dit kan ongeveer 8-10 minuten duren.
d) Zodra de karamel de gewenste kleur heeft bereikt, giet je hem onmiddellijk in de bodem van een ronde cakevorm van 23 cm. Kantel de pan zodat de bodem gelijkmatig wordt bedekt .
e) Zet de met karamel bedekte pan opzij om af te koelen en uit te harden.

BEREIDING VAN DE CUSTARD:
f) Klop in een mengkom 4 grote eieren en ½ kopje kristalsuiker tot alles goed gemengd is.
g) Voeg geleidelijk 2 kopjes volle melk toe aan het ei-suikermengsel terwijl u voortdurend blijft kloppen.
h) Roer 1 theelepel vanille-extract erdoor om de vla op smaak te brengen.

i) Verwarm uw oven voor op 175°C.
j) Giet het custardmengsel voorzichtig over de geharde karamel in de cakevorm.
k) Plaats de cakevorm in een grotere, ovenvaste schaal (zoals een braadpan).
l) Creëer een waterbad door heet water aan de grotere schaal toe te voegen tot het halverwege de zijkanten van de taartvorm komt. Dit zorgt voor een gelijkmatige bereiding en een gladde textuur voor uw karamelvla.
m) Bedek de grotere schaal met aluminiumfolie.
n) Plaats het geheel in de voorverwarmde oven.
o) Bak ongeveer 45-50 minuten of tot de custard gestold is, maar nog steeds lichtjes beweegt in het midden.
p) Haal de pan uit de oven en laat hem afkoelen tot kamertemperatuur.
q) Eenmaal afgekoeld, bewaart u de crèmekaramel minimaal 4 uur of een hele nacht in de koelkast voor het beste resultaat.
r) Om te serveren, laat u een mes langs de rand van de pan lopen om de karamel los te maken. Plaats een serveerschaal ondersteboven op de pan en draai hem snel om, zodat de karamel op de schaal loslaat. De karamel vloeit over de custard heen, waardoor er een mooie topping ontstaat.
s) Snij je zelfgemaakte roomkaramel in plakjes en serveer, terwijl de karamelsaus over de vla druppelt.
t) Laat het afkoelen en zet het vervolgens in de koelkast totdat het stevig is geworden.
u) Bereid de Bananen Karamel Crème Vulling:
v) Doe 2 bananen in een keukenmachine of blender en mix tot een gladde massa.
w) Voeg yoghurt toe aan de gemengde bananen en mix tot alles goed gemengd is.
x) Roer een ½ kopje slagroom of ontdooide, niet-zuivelgeklopte topping erdoor.

MONTEER DE CRÊPES:
y) Leg op elk serveerbord een crêpe.

z) Verdeel de huisgemaakte roomkaramel gelijkmatig over elke Crêpe.
aa) Snijd de overige bananen in muntjes.
bb) Verdeel de overige plakjes banaan over de crèmekaramel op elke Crêpe.
cc) Voeg een klodder slagroom of een niet-zuivelslagroom topping toe aan elke crêpe.
dd) Sprenkel ahorn- of chocoladesiroop over elke crêpe.

51. Walnoot- en karamelijssandwiches

INGREDIËNTEN:
- 1 ½ kopje bloem voor alle doeleinden
- ½ theelepel zuiveringszout
- ¼ theelepel zout
- ½ kopje ongezouten boter, verzacht
- ½ kopje kristalsuiker
- ½ kopje verpakte bruine suiker
- 1 groot ei
- 1 theelepel vanille-extract
- ½ kopje gehakte walnoten
- 1-pint caramel swirl-ijs
- Karamelsaus om te besprenkelen

INSTRUCTIES:

a) Verwarm uw oven voor op 190°C (375°F) en bekleed een bakplaat met bakpapier.

b) Meng in een kom de bloem, het bakpoeder en het zout.

c) Meng in een aparte mengkom de zachte boter, kristalsuiker en bruine suiker tot een licht en luchtig mengsel. Voeg het ei en het vanille-extract toe en meng tot alles goed gemengd is.

d) Voeg geleidelijk de droge ingrediënten toe aan het botermengsel en meng tot alles net gemengd is. Roer de gehakte walnoten erdoor.

e) Laat ronde eetlepels deeg op de voorbereide bakplaat vallen, met een onderlinge afstand van ongeveer 5 cm. Maak elke deegbal een beetje plat met de palm van je hand.

f) Bak gedurende 10-12 minuten of tot de randen goudbruin zijn. Laat de koekjes volledig afkoelen.

g) Neem een bolletje caramel swirl-ijs en plaats dit tussen twee koekjes. Besprenkel met karamelsaus.

h) Plaats de ijssandwiches minimaal 1 uur in de vriezer om op te stijven voordat u ze serveert.

52.Burnt Caramel Bourbon en toffee-ijs

INGREDIËNTEN:
- 1 ½ kopje volle melk
- 1 ½ eetlepel maizena
- ½ kopje van je favoriete bourbon
- 1 ¼ kopjes zware room
- 2 eetlepels lichte glucosestroop
- 4 eetlepels mascarponekaas, zacht
- ¼ theelepel zout
- ⅔ kopje kristalsuiker
- ¾ kopje melkchocoladetoffeestukjes, zoals Heath-chips of gehakte Heath-reep

INSTRUCTIES:

a) Meet de melk af. Neem 2 eetlepels melk en combineer dit met het maïzena tot een papje, terwijl je voortdurend blijft kloppen. Opzij zetten. Voeg de bourbon toe aan de melk.

b) Meet de slagroom af en voeg de glucosestroop eraan toe. Doe de mascarpone in een grote kom en klop het zout erdoor. Opzij zetten.

c) Om de gebrande karamel te maken, verwarm je een grote pan op middelhoog vuur en voeg je de suiker toe. Zorg ervoor dat deze in één laag zit en de hele bodem van de pan bedekt. Bekijk de suiker totdat deze begint te smelten en de buitenkant karamelachtig en smeltend wordt.

d) Zodra er nog maar een kleine hoeveelheid witte suiker in het midden achterblijft, gebruik je een hittebestendige spatel en schraap je de gesmolten suiker vanaf de zijkanten naar het midden.

e) Blijf dit doen tot alle suiker is gesmolten en roer goed. Kijk hoe de suiker begint te borrelen en zodra de randen borrelen en er rook vrijkomt en de suiker een donker amberkleurige kleur krijgt, haal je de suiker van het vuur. De enige manier om het echt te beoordelen voordat het BURN brandt, is door er voorzichtig overheen te gaan staan en te ruiken/kijken. Zodra je het van het vuur haalt, voeg je een paar eetlepels van het room-/glucosestroopmengsel toe en klop je voortdurend om te combineren. Voeg langzaam de resterende room toe, heel langzaam en voortdurend kloppend.

f) Zet de pan terug op middelhoog vuur en voeg het melk/bourbonmengsel toe. Breng het mengsel aan de kook.

g) Kook gedurende 4 minuten. Haal van het vuur en klop de maizena-slurry erdoor en klop om te combineren. Zet het terug op het vuur en kook nog 1-2 minuten, roer met een spatel tot het iets dikker is. Giet het mengsel voorzichtig in de grote kom met de mascarpone en klop het door elkaar.

h) Vul een grote kom met ijs en ijswater en plaats een open ritssluitingszak ter grootte van een gallon in het water, van onder naar beneden. Giet het mengsel voorzichtig in de zak, druk de lucht eruit en sluit af. Laat 30-45 minuten afkoelen.

i) Eenmaal gekoeld, karnen volgens instructies .

j) Eenmaal gekarnd, verspreid in een diepvriescontainer en plaats een stuk plasticfolie erop, druk tegen het ijs. Vries 4-6 uur in voordat u het serveert. Let op: dit ijs is zacht!

53.Karamel Macchiato Affogato

INGREDIËNTEN:
- 1 bolletje karamelgelato of ijs
- 1 shot espresso
- karamelsiroop
- slagroom .

INSTRUCTIES:
a) Doe een bolletje karamelgelato of ijs in een serveerglas.
b) Giet een shot hete espresso over de gelato.
c) Besprenkel met karamelsiroop.
d) Top met slagroom.

54.Karamel-gelato

INGREDIËNTEN:
- 2 kopjes volle melk
- ¼ kopje eidooiers
- ¼ kopje witte kristalsuiker
- ¼ theelepel vanille-extract
- ½ kopje karamelsaus
- 1 kopje slagroom
- ⅛ theelepel zout

INSTRUCTIES:

a) Meng de volle melk en de slagroom in een kleine pan en breng op middelhoog vuur aan de kook. Zet het vuur meteen uit als het kookt en haal de pan van de hete kookplaat.

b) Voeg de karamelsaus toe aan het melkmengsel en klop om te combineren.

c) Terwijl je wacht tot het mengsel van room en melk kookt, klop je de eierdooiers en de suiker tot ze bleek en schuimig worden. Misschien wil je voor deze stap een elektrische mixer gebruiken, want je moet een tijdje kloppen!

d) Terwijl je de eierdooiers klopt, giet je langzaam het hete melkmengsel bij de dooiers, terwijl je voortdurend blijft kloppen en gieten, zodat je de eieren niet per ongeluk kookt met de hitte van de melk.

e) Voeg het melk- en eimengsel terug in de pan en zet het terug op het vuur. Kook op laag vuur tot het mengsel dik genoeg is om de achterkant van een lepel te bedekken. maar terwijl je dit doet, moet je ervoor zorgen dat je blijft roeren. Laat de melk niet koken en als je ziet dat er klontjes in het mengsel ontstaan, haal het mengsel dan van het vuur en giet het door een zeef.

f) Laat het gelato-mengsel minimaal 4 uur of een nacht indien mogelijk volledig afgedekt in de koelkast staan.

g) Zodra het gelato-mengsel is afgekoeld, giet je het in een ijsmachine en vries je het gelato in volgens de aanwijzingen van de ijsmachine. De gelato heeft de textuur van softijs als het in de ijsmachine wordt bereid . Schep het in dit stadium in een diepvriescontainer en zet het minimaal twee uur in de vriezer. Serveer lekker koud als je klaar bent om te genieten!

55. Kokos-Cajeta- ijs opgerold

INGREDIËNTEN:
CAJETA
- 2 kopjes geitenmelk
- 1 kopje kristalsuiker
- ½ theelepel vanille-extract

BASEREN
- 1 kop Crème
- ½ kopje gecondenseerde melk
- 2 tot 3 druppels kokosextract
- ⅓ kopje Cajeta

INSTRUCTIES:
CAJETA
a)   Meng de geitenmelk en suiker in een pan met dikke bodem.
b)   Verwarm het mengsel op laag vuur, onder voortdurend roeren, tot de suiker is opgelost .
c)   Zodra de suiker is opgelost , verhoogt u het vuur tot medium en brengt u het mengsel aan de kook.
d)   Zet het vuur laag en laat het geheel, onder af en toe roeren, ongeveer 1 tot 1,5 uur sudderen, of totdat het mengsel dikker wordt en een karamelkleur krijgt.
e)   Haal van het vuur en roer het vanille-extract erdoor.
f)   Laat de cajeta afkoelen tot kamertemperatuur voordat u hem in het ijsrecept gebruikt.

BASEREN
g)   Voeg de room en de gecondenseerde melk toe in een schone en grote bakplaat.
h)   Voeg 2 tot 3 druppels kokosextract toe aan het mengsel.
i)   Sprenkel vervolgens ⅓ kopje zelfgemaakte cajeta gelijkmatig over het roommengsel.
j)   Gebruik een spatel om het mengsel gelijkmatig over de bakplaat te verdelen.
k)   Plaats de bakplaat in de vriezer en laat deze een nacht invriezen.
l)   Haal de volgende dag de bakplaat uit de vriezer en laat hem een paar minuten op kamertemperatuur staan, zodat hij iets zachter wordt.
m)   Rol het ijs met dezelfde spatel voorzichtig van het ene uiteinde van de bakplaat naar het andere, zodat er ijsrolletjes ontstaan.
n)   Serveer en garneer eventueel met extra zelfgemaakte cajeta.

56. Dulce De Leche Baileys Pops

INGREDIËNTEN:
VOOR DULCE DE LECHE:
- 1 blikje (14 ounces) gezoete gecondenseerde melk

VOOR DE POP'S:
- 8 ons roomkaas - verzacht
- ½ kopje suiker
- ½ kopje zure room
- ¾ kopje half en half
- ¼ kopje Baileys - plus 2 eetlepels
- ⅔ kopje dulce de leche
- ½ kopje kaneelgranen - geplet

INSTRUCTIES:
VOOR DULCE DE LECHE:
a) Giet de gezoete gecondenseerde melk in een pan.
b) Verwarm het op laag tot middellaag vuur, onder voortdurend roeren.
c) Blijf koken en roeren gedurende ongeveer 1 tot 1,5 uur of totdat het mengsel dikker wordt en een karamelkleur krijgt.
d) Haal het van het vuur en laat het afkoelen tot kamertemperatuur voordat je het in het pops-recept gebruikt.

VOOR DE POP'S:
e) Klop de roomkaas en de suiker ongeveer 3 minuten in de kom van uw keukenmixer, voorzien van het paddle-opzetstuk. Schraap de zijkanten naar beneden en voeg de zure room, half en half en ¼ kopje Baileys toe. Klop tot gecombineerd op lage snelheid.
f) Schep een laag van het mengsel in 8 popvormpjes of kleine kopjes.
g) Zet in de vriezer en laat 2 uur opstijven.
h) Meng de dulce de leche en de overige 2 eetlepels Baileys in een kom. Schep ⅔ ervan in een ritssluitingszak en knip de hoek eraf.
i) Haal de pops uit de vriezer en knijp er een laagje dulce de leche op. Voeg een pop-stick toe en bedek met het resterende roomkaasmengsel. Plaats in de vriezer tot het stevig is, 4 tot 6 uur langer.
j) Wanneer u klaar bent om te serveren, doopt u de pops in het resterende dulce de leche-mengsel en rolt u ze vervolgens door de gemalen ontbijtgranen. Serveer onmiddellijk.

57.Karamel-chocolade- eclairs

INGREDIËNTEN:
- 12 Eclairschelpen, ongevuld
- 2 kopjes karamelbanketbakkersroom, gekoeld
- 1 kopje chocoladeganache, op kamertemperatuur

INSTRUCTIES:

a)   Maak met een klein schilmesje een klein gaatje aan elk uiteinde van elke eclair.

b)   Vul een spuitzak met een klein, effen spuitmondje met gekoelde karamelbanketbakkersroom.

c)   Steek het puntje in een gaatje van een eclair en knijp zachtjes om het te vullen. Herhaal het proces voor het andere gat.

d)   Ga door met het vullen van elke eclair tot ze allemaal gevuld zijn met de heerlijke karamelbanketbakkersroom.

e)   Gebruik een kleine spatel om elke eclair gelijkmatig te glazuren met chocoladeganache op kamertemperatuur .

f)   Laat de ganache opstijven voordat u deze verrukkelijke eclairs met karamelchocolade serveert.

58.Koffiekaramel spiegelgeglazuurde éclairs

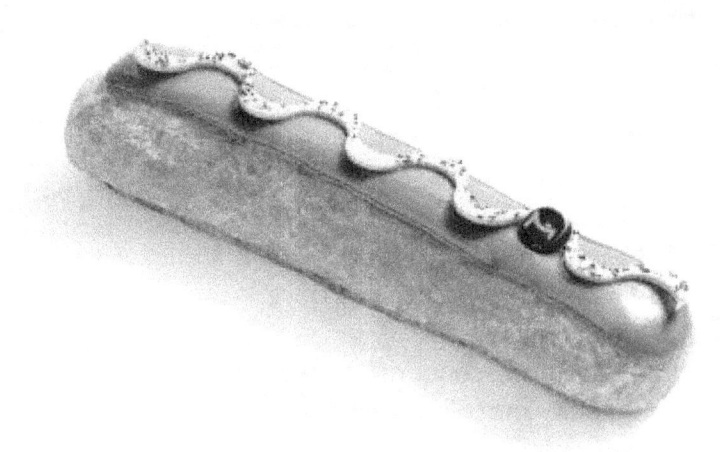

INGREDIËNTEN:
VOOR HET SHOUXGEBAK:
- 1 kopje water
- ½ kopje ongezouten boter
- 1 kopje bloem voor alle doeleinden
- 4 grote eieren

VOOR DE VULLING:
- 2 kopjes banketbakkersroom
- 2 eetlepels oploskoffie
- ½ kopje karamelsaus

VOOR DE KOFFIE KARAMEL SPIEGELGLAZUUR:
- ½ kopje water
- 1 kopje kristalsuiker
- ½ kopje gezoete gecondenseerde melk
- 1 ½ kopje pure chocolade, gehakt
- 2 eetlepels oploskoffie

INSTRUCTIES:
SHOUXGEBAK:
a) Meng water en boter in een pan. Aan de kook brengen.
b) Voeg bloem toe en roer krachtig tot het mengsel een bal vormt. Haal van het vuur.
c) Laat het deeg iets afkoelen, voeg dan één voor één de eieren toe en meng goed na elke toevoeging.
d) Doe het deeg in een spuitzak en spuit eclairs op een bakplaat.
e) Bak in een voorverwarmde oven op 190°C gedurende 25-30 minuten of tot ze goudbruin zijn.

VULLING:
f) Zodra de eclairs zijn afgekoeld, snijdt u ze horizontaal doormidden.
g) Los oploskoffie op in een kleine hoeveelheid heet water. Meng het door de banketbakkersroom.
h) Voeg de karamelsaus toe aan de banketbakkersroom met koffiesmaak tot alles goed gemengd is.
i) Vul elke eclair met de koffiekaramelvulling met behulp van een spuitzak of lepel.

KOFFIE KARAMEL SPIEGELGLAZUUR:

j) Meng in een pan water, suiker en gezoete gecondenseerde melk. Breng aan de kook.

k) Haal van het vuur en voeg de pure chocolade en de oploskoffie toe. Roer tot een gladde massa.

l) Laat het glazuur afkoelen tot 32-35°C (90-95°F).

MONTAGE:

m) Plaats een rooster op een bakplaat om overtollig glazuur op te vangen.

n) Doop de bovenkant van elke eclair in het koffiekaramelspiegelglazuur , zodat een gelijkmatige laag ontstaat.

o) Laat het overtollige glazuur wegdruipen en plaats de eclairs vervolgens op het rooster.

p) Laat het glazuur ongeveer 15 minuten inwerken voordat u het serveert.

q) Geniet van uw heerlijke Coffee Caramel Mirror Glazed Éclairs!

59. Pecan-karamel-éclairs

INGREDIËNTEN:
VOOR HET SHOUXGEBAK:
- 1 kopje water
- ½ kopje ongezouten boter
- 1 kopje bloem voor alle doeleinden
- 4 grote eieren

VOOR DE VULLING:
- 2 kopjes banketbakkersroom met karamelsmaak
- Gehakte pecannoten ter garnering

VOOR DE KARAMELGLAZUUR:
- 1 kopje kristalsuiker
- ¼ kopje water
- ½ kopje zware room
- ¼ kopje ongezouten boter

INSTRUCTIES:
SHOUXGEBAK:
a) Verwarm uw oven voor op 190°C (375°F) en bekleed een bakplaat met bakpapier.

b) Meng water en boter in een pan. Verhit op middelhoog vuur tot de boter smelt en het mengsel aan de kook komt.

c) Haal van het vuur, voeg de bloem toe en roer krachtig tot het mengsel een bal vormt.

d) Laat het deeg een paar minuten afkoelen, voeg dan één voor één de eieren toe en klop goed na elke toevoeging.

e) Doe het deeg in een spuitzak en spuit de eclairs op de bakplaat.

f) Bak ongeveer 30 minuten of tot ze goudbruin zijn. Laat afkoelen.

VULLING:
g) Vul de éclairs met banketbakkersroom met karamelsmaak. Je kunt een spuitzak of een kleine lepel gebruiken om elke éclair te vullen.

h) Garneer de gevulde eclairs met gehakte pecannoten.

KARAMEL GLAZUUR:
i) Meng suiker en water in een pan met dikke bodem op middelhoog vuur. Roer tot de suiker oplost.

j) Laat het mengsel zonder roeren aan de kook komen. Ga door met koken totdat de karamel een diepe amberkleur krijgt.

k) voorzichtig en langzaam de slagroom toe, onder voortdurend roeren. Wees voorzichtig , want het mengsel zal borrelen.//
l)   Haal de pan van het vuur en roer de ongezouten boter erdoor tot een gladde massa.//
m) Laat het karamelglazuur een paar minuten afkoelen en doop vervolgens de bovenkant van elke éclair in het karamelglazuur, zodat een gelijkmatige dekking ontstaat. Laat het teveel afdruipen .//
n)   Plaats de geglazuurde éclairs op een schaal en laat ze afkoelen tot de karamel stevig is.//
o)   Serveer gekoeld en geniet van de zoete en nootachtige verrukking van Pecan Caramel Éclairs!//
p)   Voeg gerust meer gehakte pecannoten toe voor extra textuur. Geniet van je zelfgemaakte Pecan Caramel Éclairs!

60.Appelsoufflés Met Gezouten Karamelsaus

INGREDIËNTEN:
- Gesmolten boter om in te vetten
- 4½ Cox-appels, geschild, klokhuis verwijderd en in vieren gedeeld
- 150 g donkere muscovadosuiker
- ¾ theelepel gemalen kaneel
- 1 vanillestokje, in de lengte doormidden gesneden, zaadjes eruit geschraapt
- 3 middelgrote vrije-uitloopeieren, gescheiden
- 8-10 lange vingers
- 3 eetlepels calvados
- 75 g gouden basterdsuiker
- Poedersuiker tot stof

VOOR DE GEZOUTEN KARAMELSAUS
- 300 ml slagroom
- 1 vanillestokje, in de lengte doormidden gesneden, zaadjes eruit geschraapt
- 190 g gouden basterdsuiker
- 225 g gezouten boter, in blokjes

INSTRUCTIES:

a) Verwarm de oven op 200°C/180°C hetelucht/gasstand 6. Bestrijk de binnenkant van de schaaltjes met gesmolten boter. Doe de appels in een ovenschaal, bestrooi met de muscovadosuiker en kaneel, voeg de vanillezaadjes en het peultje toe en kook gedurende 45 minuten, af en toe roerend, tot ze zacht zijn.

b) Verwijder het vanillestokje, schep de appels en eventuele sappen in een keukenmachine en maal tot een puree. Voeg de eierdooiers toe, roer en doe ze in een mengkom. Zet de oven op 220°C/200°C hetelucht/gas 7.

c) Maak ondertussen de gezouten karamelsaus. Doe de room, het vanillezaadje en het peultje in een pan en breng aan de kook. Verhit een grote koekenpan op middelhoog vuur en voeg de 190 g gouden basterdsuiker toe, lepel voor lepel, zodat elke toevoeging kan smelten voordat je de volgende toevoegt. Laat het schuimen totdat er een diepe amberkleurige karamel ontstaat.

d) Haal het vanillestokje uit de room, giet het over de karamel en klop op middelhoog vuur tot het is opgenomen.

e) Klop de boter er stukje voor stukje door, zodat er een glanzende saus ontstaat. Blijf warm.

f) Breek de lange vingers in stukken van 1-2 cm en leg ze op de bodem van de schaaltjes.

g) Besprenkel met calvados. Zet een bakplaat in de oven om op te warmen.

h) Doe de eiwitten in een schone mengkom. Klop met een elektrische mixer tot stijve pieken, voeg dan lepel voor lepel de 75 g gouden basterdsuiker toe en klop na elke toevoeging terug tot stijve pieken, totdat alle suiker is opgenomen.

i) Meng een lepel meringue door de appelmoes om het los te maken en vouw de puree vervolgens voorzichtig door de meringue met een grote metalen lepel in een achtvormige beweging.

j) Verdeel over de schaaltjes. Gebruik een paletmes om de bovenkant waterpas te maken en ga vervolgens met de punt van een tafelmes rond elke soufflé.

k) Zet de schaaltjes op de hete bakplaat in de oven.

l) Bak gedurende 12-15 minuten tot het gerezen en goudbruin is, maar nog steeds een beetje wiebelt in het midden.

m) Bestrooi met poedersuiker en serveer onmiddellijk met de karamelsaus.

61.Magnolia-karamel-bundtcake

INGREDIËNTEN:
MAGNOLIA-TAART:
- ⅔ kopje amandelmelk
- 1 kopje magnolia-tepalen (bloemblaadjes)
- 1 ½ kopje glutenvrije bloem (gelijke delen tapiocazetmeel en witte rijstmeel, plus 1 theelepel xanthaangom voor elke 4 kopjes)
- 1 ½ kopje amandelmeel
- ¼ theelepel gemalen gedroogde gember
- ⅔ kopje zuivelvrije boter, op kamertemperatuur
- 1 theelepel zoete kikkererwtenmiso
- 1 ½ kopje kristalsuiker
- 2 theelepels bakpoeder
- 1 eetlepel vanillebonenpasta
- 5 grote eieren, op kamertemperatuur

GECONDIEERDE TEKALKEN:
- 16 magnoliabloemblaadjes
- 1 eiwit
- 1 theelepel wodka
- Kristalsuiker

GLAZUUR:
- ½ kopje zuivelvrije boter, op kamertemperatuur
- ¾ kopje bruine suiker
- 3 eetlepels amandelmelk
- 2 kopjes poedersuiker

INSTRUCTIES:
a) Verwarm de oven voor op 325 ° F. Vet een tulbandvorm met 10 kopjes grondig in.

b) Meng de amandelmelk en de magnoliabloemblaadjes in een blender tot een gladde massa. Opzij zetten.

c) Meng glutenvrije bloem, amandelmeel en gemalen gedroogde gember in een middelgrote kom.

d) Klop in een andere kom de zuivelvrije boter en miso door elkaar. Voeg bakpoeder, vanille en kristalsuiker toe; klop tot het glad en luchtig is. Voeg de eieren één voor één toe en klop goed na elke toevoeging.

e) Voeg ⅓ van het bloemmengsel toe, klop tot alles gemengd is, voeg dan de helft van de magnoliamelk toe en klop tot alles gemengd is. Ga door met afwisselend, beginnend en eindigend met het bloemmengsel. Zorg ervoor dat alles goed gemengd is voordat je het beslag in de bakvorm giet.

f) Bak gedurende 50-60 minuten, net voorbij het punt waarop een ingestoken tandenstoker er schoon uitkomt. (De interne temperatuur moet 210°F of iets hoger zijn)

MAAK GECONDIEERDE MAGNOLIA TEPALS

g) Klop het eiwit met wodka tot een gladde massa. Gebruik een schoon penseel om beide zijden van een magnoliabloemblaadje met het mengsel te beschilderen, druk het op een bord met suiker, draai het om en druk op de andere kant om het te bedekken. Herhaal met de resterende bloemblaadjes.

h) Laat de cake 15 minuten afkoelen in de vorm voordat je hem op een rooster zet om volledig af te koelen.

i) Maak het glazuur terwijl de cake afkoelt. Breng veganistische boter, bruine suiker en amandelmelk aan de kook in een pan op laag vuur. Meng tot de bruine suiker oplost. Haal van het vuur en voeg kopje voor kopje poedersuiker toe, goed kloppend tot een gladde massa, waardoor een "motregen" -consistentie wordt bereikt.

j) Giet het glazuur over de warme cake en verdeel het gelijkmatig. Plaats gekonfijte magnoliabloemblaadjes op de taart terwijl het glazuur nog warm is, omdat het hard wordt als het afkoelt.

62. Caramel Macchiato Tres Leches-cake

INGREDIËNTEN:
VOOR HET ROOMMENGSEL:
- 1 (14 ounce) blikje gezoete gecondenseerde melk
- 1 (12 ounce) kan verdampte melk
- ½ kopje zware slagroom
- 1 kopje koude, sterke koffie
- 1 theelepel vanille-extract

VOOR DE TAART:
- 1 ½ kopje kristalsuiker
- ½ kopje boter, verzacht
- 1 eetlepel vanille-extract
- 4 grote eieren
- 2 kopjes All-purpose Flour
- 1 theelepel bakpoeder
- 1 theelepel zuiveringszout
- ½ theelepel zout
- 1 kopje volle melk

VOOR HET glazuur:
- 2 kopjes zware slagroom
- ½ kopje dulce de leche
- 2 eetlepels poedersuiker
- ⅛ theelepel zout
- Verwarmde dulce de leche om te besprenkelen (naar wens)

INSTRUCTIES:
VOOR HET ROOMMENGSEL:
a) Combineer alle ingrediënten van het roommengsel in een kom; opzij zetten.

VOOR DE TAART:
b) Verwarm de oven voor op 350ºC. Vet een cakevorm van 13x9 inch in en bebloem deze; opzij zetten.

c) Meng in een kom kristalsuiker, zachte boter en 1 eetlepel vanille. Klop op gemiddelde snelheid tot het gecombineerd is. Voeg de eieren toe; blijf kloppen tot het mengsel licht en luchtig wordt.

d) Meng in een andere kom de bloem, bakpoeder, zuiveringszout en zout goed. Voeg het bloemmengsel toe aan het botermengsel; klop op lage snelheid tot alles goed gemengd is. Voeg de melk toe en blijf kloppen tot het goed gemengd is .

e) Giet het beslag in de voorbereide pan. Bak gedurende 35-40 minuten of totdat een tandenstoker die je in het midden steekt er schoon uitkomt en de bovenkant mooi bruin is . Terwijl de cake nog heet is, giet je het roommengsel over de bovenkant van de cake. Laat het zitten totdat de vloeistof volledig is opgenomen. Zet minimaal 4 uur of een nacht in de koelkast.

VOOR HET glazuur:

f) Meng vlak voor het serveren alle ingrediënten voor het glazuur in een kom. Klop op hoge snelheid tot er stijve pieken ontstaan. Verdeel het glazuur over de bovenkant van de taart.

g) Besprenkel naar wens met extra dulce de leche.

63.Tostada Sundae met koffie-karamelsaus

INGREDIËNTEN:
- 1 tot 1½ liter vanille-ijs
- 6 Dessert Tostada-bekers
- Koffie-karamelsaus

INSTRUCTIES:

a) Plaats 2 of 3 bolletjes vanille-ijs in het midden van elke Dessert Tostada Cup.

b) Bestrijk het ijs met koffie-karamelsaus.

c) Serveer en geniet meteen van uw Tostada Sundae met koffie-karamelsaus.

64.Karamel Zwitserse rol

INGREDIËNTEN:
- 4 eieren, gescheiden
- ⅓ kopje bruine suiker
- 1 eetlepel basterdsuiker
- ½ kopje zelfrijzend bakmeel
- 1 eetlepel maïsmeel
- 2 eetlepels hete melk
- 300 ml verdikte crème
- ½ blik Nestle Top N Fill Caramel

INSTRUCTIES:
a) Verwarm de oven voor op 210C. Bekleed een bakvorm of ondiepe bakvorm van 25x30 cm met bakpapier, zodat er wat over de zijkanten kunnen hangen.
b) Klop de eiwitten stijf. Voeg bruine suiker en basterdsuiker toe en klop tot het glanst. Voeg de eierdooiers één voor één toe en klop goed tussen elke toevoeging.
c) Bloem en maïsmeel samen zeven en door het eimengsel spatelen. Spatel tenslotte de hete melk erdoor.
d) Giet het mengsel in de voorbereide vorm en strijk het glad tot een gelijkmatige laag. Bak gedurende 6 minuten.
e) Haal het uit de oven en gebruik bakpapier om het uit de pan te tillen. Trek het bakpapier voorzichtig weg van de zijkanten van de spons. Leg nog een groot, schoon vel bakpapier over de bovenkant en houd de zijkanten vast en draai de spons voorzichtig om. Plaats hem op uw bank met het korte uiteinde het dichtst bij u en rol de spons voorzichtig op. Laat het afkoelen.
f) Klop de room tot het dik is. Voeg de karamel toe en blijf kloppen tot alles goed gemengd is. Koel tot klaar voor gebruik.
g) Als de spons is afgekoeld, rol hem dan voorzichtig uit. Bestrijk met opgeklopte karamelroom. Rol opnieuw uit en verwijder deze keer het bakpapier.
h) Breng over naar een serveerschaal. Bestrooi met poedersuiker. Snijd en serveer.
i) Geniet van je heerlijke en gemakkelijke Caramel Swiss Roll!

65. Koffie-karamel Swiss Roll

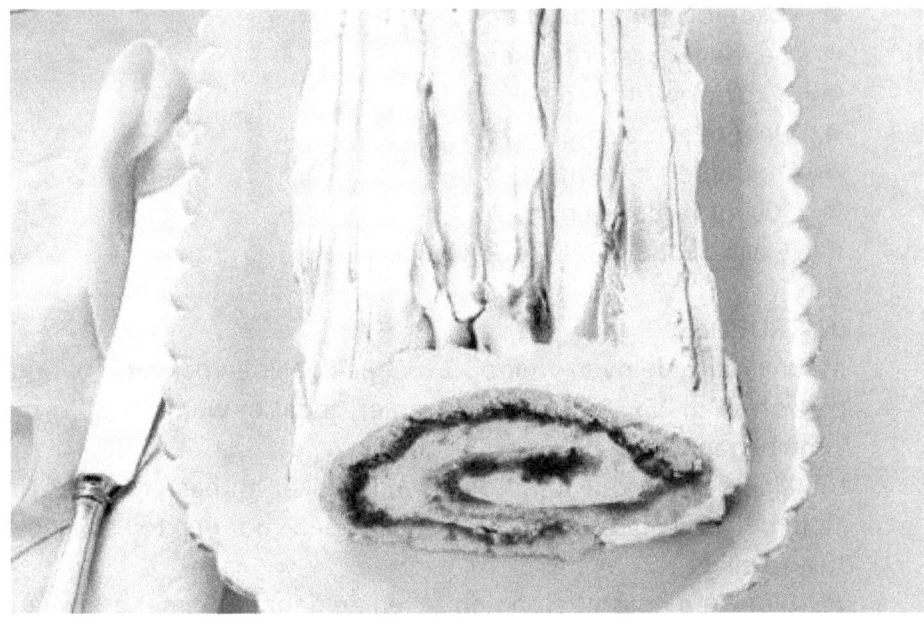

INGREDIËNTEN:
TAART:
- ¼ kopje saffloerolie, plus meer voor het poetsen
- 1 ¼ kopje cakemeel (niet zelfrijzend)
- ½ theelepel koosjer zout
- 1 ¼ theelepel bakpoeder
- ⅓ kopje heet water
- ¾ kopje kristalsuiker
- 5 grote eieren, gescheiden, op kamertemperatuur
- 1 theelepel puur vanille-extract
- Snufje wijnsteencrème
- Banketbakkerssuiker, om te bestuiven

SIROOP:
- ¼ kopje kristalsuiker
- 1 eetlepel instant espressopoeder

VULLING:
- 6 eetlepels kristalsuiker
- ¼ theelepel koosjer zout
- 1 ½ kopjes zware room

glazuur:
- 2 grote eiwitten
- ⅔ kopje kristalsuiker
- ½ theelepel wijnsteencrème
- 2 eetlepels lichte glucosestroop
- ¼ kopje koud water

INSTRUCTIES:
a) Verwarm de oven voor op 350 graden. Bestrijk een bakplaat van 13 bij 18 inch met olie. Bekleed de bodem met perkament; bestrijk het perkamentpapier met olie.

TAART:
b) Meng bloem, zout en bakpoeder door elkaar.

c) Klop in een hittebestendige kom heet water met ½ kopje kristalsuiker tot het is opgelost. Klop de olie erdoor, daarna de eierdooiers en de vanille tot een gladde massa.

d) Klop in een mixer de eiwitten schuimig. Voeg de room van wijnsteen toe en klop tot er stijve pieken ontstaan. Roer een derde van het eiwit door het beslag en spatel de rest erdoor.

e) Verdeel het beslag op het voorbereide vel; bak tot ze goudbruin zijn, 17 tot 19 minuten.

f) Laat het kort afkoelen, rol het vervolgens op in een handdoek en laat het volledig afkoelen.

SIROOP:

g) Kook kristalsuiker en water in een pan; klop het espressopoeder erdoor.

h) Zet in de koelkast tot het koud is, ongeveer 30 minuten.

VULLING:

i) Meng kristalsuiker, water en zout in een pan. Kook tot het amberkleurig is en voeg room toe.

j) Breng over naar een ijswaterbad tot het koud is.

MONTEREN:

k) Rol de cake uit, bestrijk hem met espressosiroop, verdeel de vulling en rol hem op.

l) Zet in de koelkast tot het stevig is, minimaal 8 uur.

glazuur:

m) Klop in een hittebestendige kom het eiwit, de suiker, de wijnsteenroom, de glucosestroop en het water boven kokend water tot er stijve pieken ontstaan.

n) Verdeel het glazuur over de taart. Gebruik een keukenbrander om op sommige plaatsen bruin te worden.

o) Snijd en serveer.

SNOEP

66.Guinness Karamels Met Gezouten Pinda's

INGREDIËNTEN:
- 2 kopjes / blikje Guinness van 0,44 l
- 80 g boter in blokjes
- 80ml slagroom
- 1 kopje witte suiker
- ½ kopje ongeraffineerde suiker of bruine suiker
- 1 theelepel fijn zout
- 100 g geroosterde en gezouten pinda's

INSTRUCTIES:

a) Beboter de zijkanten en de bodem van een pan en bekleed deze met bakpapier.

b) Verlaag Guinness in een pan op middelhoog vuur tot ½ kopje. Dit duurt ongeveer 30 minuten.

c) Voeg boter toe en smelt volledig. Voeg slagroom en suiker toe. Roer tot alles goed gemengd is.

d) Plaats in een suikerthermometer. Roer vanaf dit punt niet meer .

e) Kook op middelhoog vuur tot de temperatuur ergens tussen 245 ° F – 250 ° F ligt.

f) Dit duurt ongeveer 25 minuten of langer, maar houd de karamel voortdurend in de gaten, want uiteindelijk zal de temperatuur snel stijgen.

g) Haal onmiddellijk van het vuur.

h) Roer zout en pinda's erdoor en giet het in de bakplaat.

i) Zet een uur in de koelkast.

j) Met een scherp mes in stukken van het gewenste formaat snijden.

k) Bewaar op kamertemperatuur.

67. Boter-rumkaramel

INGREDIËNTEN:
- Plantaardige olie voor het invetten
- 2 kopjes verpakte lichtbruine suiker
- 1 kopje zware room
- ¼ kopje ongezouten boter
- ¼ theelepel zout
- ¼ kopje plus 1 theelepel donkere rum
- ¼ theelepel vanille
- Speciale uitrusting: perkamentpapier; een snoep- of diepvette thermometer

INSTRUCTIES:

a) Bekleed de bodem en zijkanten van een vierkante bakvorm van 8 inch met bakpapier en olieperkament.

b) Breng bruine suiker, room, boter, zout en ¼ kopje rum aan de kook in een zware pan van 3 tot 4 liter, roer tot de boter is gesmolten, kook dan op matig vuur, onder regelmatig roeren, tot de thermometer 248 ° F aangeeft. gedurende ongeveer 15 minuten. Haal van het vuur en roer de vanille en de resterende theelepel rum erdoor. Giet het in de bakvorm en laat het volledig afkoelen tot het stevig is, 1 tot 2 uur.

c) Keer de karamel om op een snijplank, gooi het perkament weg en draai de karamel met de glanzende kant naar boven. Snijd in vierkanten van 1 inch.

68. Espresso Likeur Karamels

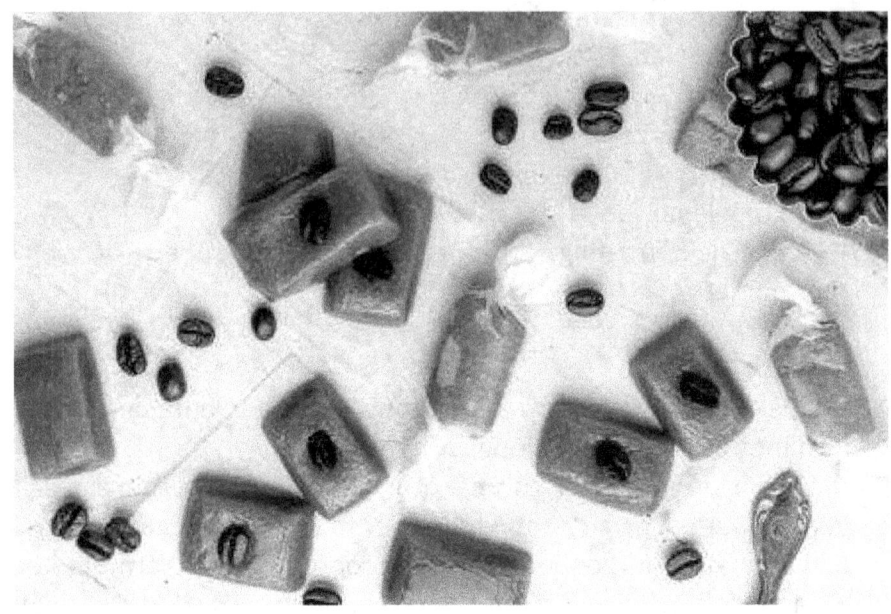

INGREDIËNTEN:
- ½ kopje water
- 1⅓ kopjes glucosestroop
- ⅓ kopje honing
- 2⅛ kopjes suiker
- 2 snufjes zeezout
- 8 eetlepels boter
- 2 kopjes zware slagroom
- ¼ kopje espressodik
- 14-ounce blikje gezoete gecondenseerde melk
- 4 theelepels espressolikeur

INSTRUCTIES:
a) Vul een gootsteen of extra grote kom vooraf met ijswater.
b) Meng in een pan van 4 liter met een dikke bodem het water, de glucosestroop, de honing, de suiker en het zeezout. Verhit op medium en roer in een figuur 8-patroon totdat alle suiker is opgelost en het mengsel begint te koken.
c) Verwijder de roerstok en was de zijkanten van de pan schoon met een deegborstel gedrenkt in water. Plaats een suikerthermometer en kook zonder te roeren tot het mengsel een temperatuur van 250°F bereikt.
d) Voeg voorzichtig de boter toe en roer tot deze volledig gesmolten is. Voeg dan langzaam de room toe. Let op: Hierdoor gaat het mengsel snel opborrelen en stoom afgeven. Verwijder de roerstok en kook tot het mengsel weer 250°F bereikt.
e) Haal van het vuur en dompel de onderste helft van de pan gedurende 2 tot 3 seconden in het ijswater om het koken te stoppen. Roer het espressodik erdoor. Roer langzaam de gezoete gecondenseerde melk erdoor. Zet de pan terug op het vuur en kook al roerend in een figuur 8 -patroon tot het mengsel opnieuw 250°F bereikt. Let op: Je roert hier 10 tot 15 minuten, dus ga comfortabel zitten. Als de thermometer in de weg zit, wacht dan tot er belletjes ontstaan voordat u de thermometer opnieuw plaatst.
f) Haal van het vuur en dompel de onderste helft van de pan gedurende 2 tot 3 seconden in het ijswater om het koken te stoppen.

Zorg ervoor dat er geen water in de karamel komt. Zet de pan op een handdoek op een hittebestendig oppervlak.

g) Voeg de espressovloeistof toe en roer snel om op te nemen. Giet het voorzichtig in siliconenvormen of een ingevette vierkante ovenschaal van 9 bij 9 inch. Laat 8 tot 12 uur ongestoord op het aanrecht afkoelen voordat u het uit de vorm haalt of in rechthoeken snijdt.

h) Bewaar karamels in cellofaan of vetvrij papier en draai ze aan beide uiteinden dicht. Op een droge plaats blijven ze 4 tot 6 weken goed.

69. Cappuccino-karamel

INGREDIËNTEN:
- 1 kopje kristalsuiker
- 1 kopje zware room
- ¼ kopje lichte glucosestroop
- ¼ kopje ongezouten boter
- 1 eetlepel oploskoffiekorrels
- 1 theelepel vanille-extract
- Zeezoutvlokken, om te bestrooien (optioneel)

INSTRUCTIES:

a) Bekleed een bakvorm van 8 x 8 inch met bakpapier en vet deze licht in.

b) Meng in een pan op middelhoog vuur suiker, slagroom, glucosestroop, boter en oploskoffiekorrels.

c) Roer tot de suiker is opgelost, plaats dan een suikerthermometer en kook zonder roeren tot een temperatuur van 118°C (245°F).

d) Haal van het vuur, roer het vanille-extract erdoor en giet de karamel in de voorbereide pan.

e) Laat een paar uur afkoelen of tot het stevig is.

f) eventueel met zeezoutvlokken en snij in karamels.

70. Gezouten Whiskey Karamels

INGREDIËNTEN:
- 5 eetlepels boter
- 1 kopje zware slagroom
- ¼ kopje whisky
- 1 theelepel vanille
- ¼ theelepel koosjer zout
- 1 ½ kopje suiker
- ¼ kopje lichte glucosestroop
- ¼ kopje water
- ½ eetlepel koosjer zout, om te bestrooien

INSTRUCTIES:

a) Bekleed een vierkante pan van 9 inch met perkament of vetvrij papier, zodat het papier over twee kanten kan vallen; licht inspuiten met kookspray.

b) Verhit in een pan van 1 liter de boter, zware slagroom, whisky, vanille en ¼ theelepel zout tot het kookpunt, onder regelmatig roeren. Haal van het vuur; opzij zetten.

c) Meng suiker, glucosestroop en water in een pan van 3 liter. Verwarm tot het kookt op middelhoog vuur. NIET ROEREN. Kook tot de suiker warm goudbruin kleurt.

d) Als het suikermengsel klaar is , zet je het vuur uit en voeg je het roommengsel langzaam toe aan het suikermengsel. Wees voorzichtig: het zal met geweld opborrelen. Kook op middelhoog vuur gedurende ongeveer 10 minuten, tot het mengsel een temperatuur van 248 graden F bereikt op een suikerthermometer.

e) Giet karamel in de pan; koel gedurende 10 minuten.

f) Bestrooi met maximaal 1 eetlepel zout; volledig afkoelen.

g) Snijd in vierkanten; individueel in bakpapier wikkelen.

71.Kokos-karamelclusters

INGREDIËNTEN:
- 1 kop geraspte kokosnoot
- 1 kopje karamelsnoepjes, onverpakt
- 1 eetlepel kokosolie
- Zeezout (optioneel)

INSTRUCTIES:
a) Bekleed een bakplaat met bakpapier.
b) Rooster de geraspte kokosnoot in een koekenpan op middelhoog vuur goudbruin en roer regelmatig om aanbranden te voorkomen. Haal van het vuur en laat het iets afkoelen.
c) Meng de karamelsnoepjes en kokosolie in een magnetronbestendige kom. Magnetron in intervallen van 30 seconden, roer tussendoor, tot de karamel gesmolten en glad is.
d) Roer de geroosterde kokosnoot door de gesmolten karamel tot alles goed gemengd is.
e) Laat lepels karamel-kokosmengsel op de voorbereide bakplaat vallen.
f) Optioneel: Strooi zeezout over de trossen terwijl ze nog warm zijn.
g) Laat de clusters afkoelen en opstijven op kamertemperatuur of in de koelkast.
h) Eenmaal uitgehard, haal je het van de bakplaat en bewaar je het in een luchtdichte verpakking.
i) Geniet van je zelfgemaakte kokoskaramelclusters!

72.Karamel-appellolly's

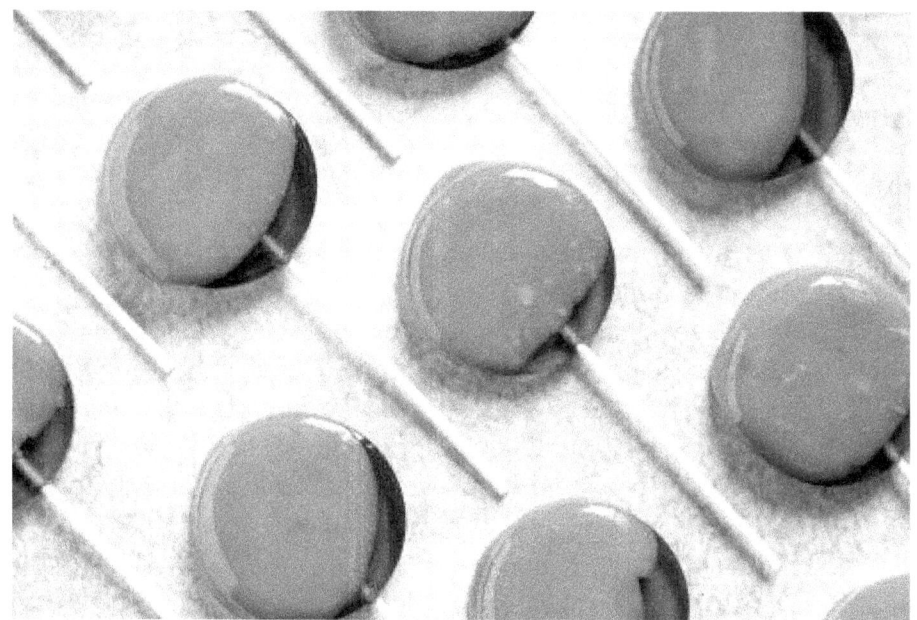

INGREDIËNTEN:
- 4 grote appels (elke soort)
- 1 kopje karamelsnoepjes, onverpakt
- Lollystokjes
- Toppings naar keuze (gehakte noten, hagelslag, mini-chocoladestukjes, enz.)

INSTRUCTIES:
a) Was en droog de appels grondig. Steek een lollystokje in het steeluiteinde van elke appel.
b) Bekleed een bakplaat met bakpapier.
c) Smelt de karamelsnoepjes in een magnetronbestendige kom in intervallen van 30 seconden, roer tussendoor, tot ze glad en romig zijn.
d) Dompel elke appel in de gesmolten karamel en draai hem gelijkmatig om. Laat eventuele overtollige karamel eraf druipen .
e) Optioneel: Rol de met karamel bedekte appels in de gewenste toppings.
f) Plaats de karamelappels op de voorbereide bakplaat en laat ze afkoelen en opstijven op kamertemperatuur of in de koelkast.
g) Eenmaal uitgehard, kun je genieten van je heerlijke karamel-appellolly's!

73. Karamelnootclusters

INGREDIËNTEN:
- 1 kopje karamelsnoepjes, onverpakt
- 1 kopje gemengde noten (zoals pinda's, amandelen, cashewnoten)
- Zeezout (optioneel)

INSTRUCTIES:

a) Bekleed een bakplaat met bakpapier.

b) Smelt de karamelsnoepjes in een magnetronbestendige kom in intervallen van 30 seconden, roer tussendoor, tot ze glad en romig zijn.

c) Roer de gemengde noten door de gesmolten karamel tot ze goed bedekt zijn.

d) Laat lepels karamel-notenmengsel op de voorbereide bakplaat vallen.

e) Optioneel: Strooi zeezout over de trossen terwijl ze nog warm zijn.

f) Laat de clusters afkoelen en opstijven op kamertemperatuur of in de koelkast.

g) Eenmaal uitgehard, haal je het van de bakplaat en bewaar je het in een luchtdichte verpakking.

h) Geniet van je zelfgemaakte karamelnootclusters!

74. Karamel-Marshmallow-pops

INGREDIËNTEN:
- Grote marshmallows
- Karamel snoepjes, onverpakt
- Lollystokjes
- Optionele toppings (chocoladeschilfers, gemalen koekjes, hagelslag, enz.)

INSTRUCTIES:
a) Steek een lollystokje in elke marshmallow.
b) Bekleed een bakplaat met bakpapier.
c) Smelt de karamelsnoepjes in een magnetronbestendige kom in intervallen van 30 seconden, roer tussendoor, tot ze glad en romig zijn.
d) Dompel elke marshmallow in de gesmolten karamel en draai hem gelijkmatig om. Laat eventuele overtollige karamel eraf druipen .
e) Optioneel: Rol de met karamel bedekte marshmallows in de gewenste toppings.
f) Plaats de marshmallow-pops op de voorbereide bakplaat en laat ze afkoelen en opstijven op kamertemperatuur of in de koelkast.
g) Eenmaal gezet, kun je genieten van je heerlijke karamel-marshmallow-pops!

CONDIMENTEN

75. Ganache van gezouten karamel

INGREDIËNTEN:
- 225 g pure chocolade, fijngehakt
- 1 kop (240 ml) zware room
- ½ kopje (120 ml) gezouten karamelsaus

INSTRUCTIES:
a) Doe de fijngehakte pure chocolade in een hittebestendige kom en zet opzij.
b) Verwarm de slagroom in een kleine pan op middelhoog vuur tot deze begint te sudderen. Laat het niet aan de kook komen.
c) Haal de pan van het vuur en giet de hete room over de gehakte chocolade.
d) Laat het mengsel 1-2 minuten ongestoord staan, zodat de chocolade zacht wordt.
e) Roer het mengsel voorzichtig met een garde of spatel totdat de chocolade volledig is gesmolten en de ganache glad en glanzend is.
f) Voeg de gezouten karamelsaus toe aan de ganache en roer tot alles goed gemengd is.
g) Laat de ganache ongeveer 30 minuten afkoelen op kamertemperatuur, bedek hem dan met plasticfolie en zet hem minstens 2 uur in de koelkast, of tot hij stevig wordt.
h) Zodra de ganache is afgekoeld en gestold, kun je hem gebruiken als vulling voor taarten, cupcakes of gebak. Het kan ook worden gebruikt als topping of motregen voor desserts zoals ijs, brownies of koekjes.

76.Karamelglazuur

INGREDIËNTEN:
- 1½ kopjes ongezouten boter, verzacht
- 4 kopjes poedersuiker
- ¼ kopje karamelsaus (in de winkel gekocht of zelfgemaakt)
- 1 theelepel vanille-extract

INSTRUCTIES:

a) Klop in een grote mengkom de zachte boter romig en glad.

b) Voeg geleidelijk de poedersuiker toe, één kopje per keer, en klop goed na elke toevoeging.

c) Roer de karamelsaus en het vanille-extract erdoor en blijf kloppen tot het glazuur licht en luchtig is.

77.Gekarameliseerde witte chocoladeganache

INGREDIËNTEN:
- 8 ons witte chocolade
- Snufje zeezout

INSTRUCTIES:
a) Verwarm uw oven voor op 120 ° C (250 ° F).
b) Leg de witte chocolade op een bakplaat bekleed met bakpapier.
c) Strooi een snufje zeezout over de chocolade.
d) Bak de chocolade ongeveer 1 uur en roer elke 10 minuten totdat deze goudbruin en gekarameliseerd is.
e) Haal de chocolade uit de oven en laat hem volledig afkoelen.
f) Hak de gekarameliseerde witte chocolade fijn.
g) Giet in een hittebestendige kom 240 ml kokende slagroom over de gekarameliseerde witte chocolade.
h) Roer tot de chocolade volledig gesmolten en glad is.
i) Laat de ganache iets afkoelen voordat je hem gebruikt.

78. Dalgona Karamelsaus

INGREDIËNTEN:
- ½ kopje kristalsuiker
- 2 eetlepels water
- ¼ kopje zware room
- ¼ theelepel vanille-extract

INSTRUCTIES:

a)   Meng de suiker en het water in een kleine pan op middelhoog vuur.

b)   Roer voortdurend totdat de suiker oplost en het mengsel begint te borrelen.

c)   Zet het vuur laag en laat het ongeveer 5-7 minuten sudderen tot het een gouden karamelkleur krijgt.

d)   Haal de pan van het vuur en giet langzaam de slagroom erbij terwijl je voortdurend blijft kloppen. Wees voorzichtig , want het mengsel zal krachtig borrelen.

e)   Roer het vanille-extract erdoor en meng tot alles goed gemengd is.

f)   Laat de Dalgona-karamelsaus afkoelen voordat u deze in een pot of container doet.

g)   Serveer het als topping voor ijs of taarten, of besprenkel het over je favoriete desserts.

79.Karamelsaus van passievruchten

INGREDIËNTEN:
- 2 kopjes suiker
- ½ kopje water
- 2 theelepels lichte glucosestroop
- 1⅓ kopjes passievruchtpuree
- 4 eetlepels ongezouten boter, in stukjes gesneden
- ½ theelepel koosjer zout

INSTRUCTIES:

a) Meng de suiker, het water en de glucosestroop in een grote pan met dikke bodem. Breng op middelhoog vuur aan de kook, roer om de suiker op te lossen en veeg af en toe de zijkanten van de pan af met een natte deegborstel om eventuele suikerkristallen weg te wassen.

b) Verhoog het vuur tot middelhoog en laat het zonder roeren koken tot de siroop donkerbruin is, ongeveer 8 minuten.

c) Haal de pan van het vuur. Voeg voorzichtig de passievruchtenpuree toe (deze gaat bubbelen en spetteren, dus wees voorzichtig als je hem erin giet), boter, zout en klop om zoveel mogelijk te verwerken (de karamel zal een beetje hard worden).

d) Zet de pan op middelhoog vuur, breng aan de kook en kook al roerend tot de karamel is opgelost en de saus glad is. Haal van het vuur en laat afkoelen . Bewaard in een luchtdichte verpakking in de koelkast, is de saus maximaal 10 dagen houdbaar.

e) Serveer de saus warm of op kamertemperatuur.

80.Kahlua-karamelsaus

INGREDIËNTEN:
- 1 kopje kristalsuiker
- ¼ kopje water
- ½ kopje zware room
- 2 eetlepels ongezouten boter
- ¼ kopje Kahlua
- ½ theelepel vanille-extract
- Snufje zout

INSTRUCTIES:

a) Meng de kristalsuiker en het water in een kleine pan. Verwarm op middelhoog vuur, af en toe roerend, tot de suiker is opgelost.

b) Zodra de suiker is opgelost, stop met roeren en laat het mengsel aan de kook komen. Ga door met koken zonder te roeren totdat het mengsel een diepe amberkleur krijgt. Pas op dat de karamel niet verbrandt, dit kan snel gebeuren.

c) Zodra de karamel de gewenste kleur heeft bereikt, haalt u de pan van het vuur en klopt u voorzichtig de slagroom erdoor. Het mengsel zal gaan borrelen, dus wees voorzichtig.

d) Zet de pan terug op laag vuur en voeg de boter toe. Roer tot de boter is gesmolten en volledig is opgenomen .

e) Haal de pan van het vuur en roer de Kahlua, het vanille-extract en een snufje zout erdoor. Meng tot een glad en goed gecombineerd geheel.

f) Laat de Kahlua-karamelsaus een paar minuten afkoelen voordat u deze in een pot of container doet.

g) De saus zal dikker worden naarmate deze afkoelt. Als het te dik wordt, kun je het voorzichtig opwarmen in de magnetron of op de kookplaat.

h) Gebruik de Kahlua-karamelsaus als topping voor ijs, pannenkoeken, wafels, desserts of een andere zoete lekkernij naar keuze.

81.Karamel Pecannotensaus

INGREDIËNTEN:
- ½ kopje Stevig verpakte bruine suiker
- ½ kopje Lichte glucosestroop
- ¼ kopje Zuivelvrije margarine
- ½ kopje Gehakte pecannoten
- 1 theelepel vanille

INSTRUCTIES:

a) Meng in een kleine pan op middelhoog vuur de stevig verpakte bruine suiker, lichte glucosestroop en zuivelvrije margarine. Roer voortdurend en breng het mengsel aan de kook.

b) Laat het mengsel 1 minuut koken, onder voortdurend roeren.

c) Haal de pan van het vuur en roer de gehakte pecannoten en vanille erdoor tot alles goed gemengd is.

d) Serveer de zuivelvrije karamelijscoupesaus warm over je favoriete zuivelvrije ijs of dessert.

e) Geniet van uw saus als een heerlijke topping voor uw lekkernijen!

82. Koffie-karamelsaus

INGREDIËNTEN:
- 2 kopjes Verpakte donkerbruine suiker
- ¾ kopje Zeer sterke koffie gezet
- ¾ kopje Zware (slag)room

INSTRUCTIES:

a) Meng alle ingrediënten in een kleine pan.

b) Zet de pan op middelhoog vuur en breng het mengsel aan de kook.

c) Zodra het kookt, zet je het vuur laag en laat je het koken totdat het net voor het zachte balletje komt, wat ongeveer 110 graden Celsius is op een suikerthermometer. Dit duurt ongeveer 15 minuten.

d) Haal de pan van het vuur.

e) Je kunt de koffie-karamelsaus meteen serveren, of desgewenst laten afkoelen en vervolgens afdekken. In de koelkast bewaren en binnen enkele maanden gebruiken.

f) Deze verrukkelijke koffie-karamelsaus is perfect om over ijs, taarten of andere desserts te sprenkelen. Genieten!

83.Mandarijn Karamelsaus

INGREDIËNTEN:
- ½ kopje zware room
- ¾ kopje mandarijnensap, gezeefd
- 1 ¾ kopjes suiker
- ¾ kopje water
- 5 eetlepels Koude ongezouten boter, in stukjes gesneden
- 1 theelepel vanille-extract
- ⅛ theelepel zout
- 2 eetlepels cognac of bourbon

INSTRUCTIES:
a) Meng de slagroom en het uitgelekte mandarijnensap in een kom en verwarm tot het bijna kookt. Houd dit mengsel warm.
b) Meng de suiker en het water in een aparte pan. Dek de pan af en breng het mengsel op middelhoog vuur aan de kook.
c) Zodra het kookt, haalt u de pan eraf en verhoogt u het vuur iets om het geheel te laten sudderen. Roer niet, maar gebruik een deegkwast gedrenkt in water om eventuele suikerkristallen die aan de zijkanten van de pan vastzitten weg te spoelen.
d) Houd de pan goed in de gaten terwijl de siroop geleidelijk een goudbruine kleur krijgt. Wees geduldig en draai de pan af en toe rond als dat nodig is. Dit proces zou enige tijd moeten duren.
e) Haal de pan van het vuur en giet, terwijl je voortdurend blijft kloppen, langzaam het warme room-mandarijnmengsel erbij. Wees erop voorbereid dat het mengsel dramatisch gaat borrelen, dus roer voorzichtig.
f) Klop geleidelijk de koude ongezouten boter erdoor tot het volledig gemengd is.
g) Roer het vanille-extract, zout en cognac of bourbon naar smaak erdoor.
h) Bewaar de mandarijn-karamelsaus afgedekt in de koelkast en is onbeperkt houdbaar . Serveer het warm of koud bij uw favoriete desserts.
i) Deze heerlijke mandarijn-karamelsaus voegt een vleugje citrussmaak toe aan uw zoete lekkernijen. Genieten!

84. Hemelse karamelsaus

INGREDIËNTEN:
- 10 eetlepels ongezouten boter
- 2 kopjes Lichtbruine suiker (verpakt)
- 1 kopje lichte glucosestroop
- 1 theelepel zout
- 1 kop Slagroom
- 3 eetlepels donkere rum

INSTRUCTIES:

a) Meng in een middelgrote pan de boter, de verpakte lichtbruine suiker, de glucosestroop en het zout. Breng het mengsel langzaam aan de kook op middelhoog vuur. Laat het koken totdat de suiker volledig is gesmolten, wat ongeveer 8 minuten duurt.

b) Blijf nog 2 minuten koken en roer regelmatig met een houten lepel.

c) Roer de slagroom erdoor, breng het mengsel weer aan de kook en laat het nog 2 minuten zachtjes koken.

d) Giet de donkere rum erbij en roer goed om te mengen.

e) Haal de pan van het vuur en laat de saus afkoelen en dikker worden.

f) Zodra het is afgekoeld, doe je de hemelse karamelsaus in een schone glazen pot met een goed deksel.

g) Bewaar de saus in de koelkast. Het kan maanden bewaard worden, maar als het erg koud en dik wordt, haal het dan gewoon uit de koelkast om het op te warmen voor gebruik.

85.Karamel Appelboter

INGREDIËNTEN:
- 4 pond appels (elke soort), geschild, klokhuis verwijderd en in stukjes gesneden
- 1 kopje kristalsuiker
- 1 kopje bruine suiker
- 1 eetlepel gemalen kaneel
- 1/2 theelepel gemalen nootmuskaat
- 1/4 theelepel gemalen kruidnagel
- 1/4 theelepel zout
- 1/4 kopje karamelsaus

INSTRUCTIES:

a) Doe de gehakte appels in een slowcooker.

b) Meng in een kom de kristalsuiker, bruine suiker, kaneel, nootmuskaat, kruidnagel en zout.

c) Strooi het suiker- en kruidenmengsel over de appels en roer tot het gelijkmatig bedekt is.

d) Dek af en kook op laag vuur gedurende 8-10 uur, of tot de appels zacht en gekarameliseerd zijn.

e) Gebruik een staafmixer om de gekookte appels tot een gladde massa te pureren.

f) Roer de karamelsaus erdoor tot alles goed gemengd is.

g) Laat de appelboter volledig afkoelen voordat je hem in potten doet.

h) Bewaar in de koelkast en geniet van je heerlijke karamel-appelboter op toast, pannenkoeken of yoghurt!

86. Gekarameliseerde uienjam

INGREDIËNTEN:
- 4 grote uien, in dunne plakjes gesneden
- 2 eetlepels olijfolie
- 1/4 kop bruine suiker
- 1/4 kopje balsamicoazijn
- Zout en peper naar smaak
- 1/4 kopje karamelsaus

INSTRUCTIES:
a) Verhit de olijfolie in een grote koekenpan op middelhoog vuur.
b) Voeg de gesneden uien toe en kook, af en toe roerend, tot ze zacht en gekarameliseerd zijn, ongeveer 20-25 minuten.
c) Roer de bruine suiker en balsamicoazijn erdoor.
d) Blijf nog 10-15 minuten koken, of totdat de uien donker en jamachtig zijn.
e) Breng op smaak met zout en peper.
f) Roer de karamelsaus erdoor tot alles goed gemengd is.
g) Laat de uienjam volledig afkoelen voordat u deze in potten doet.
h) Bewaar in de koelkast en geniet van je gekarameliseerde uienjam op hamburgers, sandwiches of kaasplanken!

87.Karamel barbecuesaus

INGREDIËNTEN:
- 1 kopje ketchup
- 1/2 kop bruine suiker
- 1/4 kopje appelciderazijn
- 2 eetlepels Worcestershiresaus
- 1 eetlepel Dijon-mosterd
- 1/2 theelepel knoflookpoeder
- 1/2 theelepel uienpoeder
- 1/4 theelepel gerookte paprikapoeder
- Zout en peper naar smaak
- 1/4 kopje karamelsaus

INSTRUCTIES:
a) Meng in een pan de ketchup, bruine suiker, appelciderazijn, Worcestershiresaus, Dijon-mosterd, knoflookpoeder, uienpoeder, gerookte paprika, zout en peper.
b) Breng het mengsel op middelhoog vuur aan de kook.
c) Zet het vuur laag en kook 15-20 minuten, af en toe roerend, tot de saus ingedikt is.
d) Roer de karamelsaus erdoor tot alles goed gemengd is.
e) Laat de BBQ-saus volledig afkoelen voordat u deze in potten doet.
f) Bewaar in de koelkast en geniet van je heerlijke karamel-BBQ-saus op gegrild vlees of als dipsaus!

88. Gekarameliseerde vijgenjam

INGREDIËNTEN:
- 1 pond verse vijgen, gesteeld en in vieren gesneden
- 1/2 kopje kristalsuiker
- 1/4 kopje water
- 1 eetlepel citroensap
- 1/4 kopje karamelsaus

INSTRUCTIES:
a) Meng de vijgen, kristalsuiker, water en citroensap in een pan.
b) Breng het mengsel op middelhoog vuur aan de kook.
c) Zet het vuur laag en laat 30-40 minuten sudderen, af en toe roeren, tot de vijgen zacht zijn en het mengsel ingedikt is.
d) Haal de pan van het vuur en laat het mengsel iets afkoelen.
e) Breng het mengsel over naar een blender of keukenmachine en mix tot een gladde massa.
f) Roer de karamelsaus erdoor tot alles goed gemengd is.
g) Laat de vijgenjam volledig afkoelen voordat je hem in potten doet.
h) Bewaar in de koelkast en geniet van je gekarameliseerde vijgenjam op toast, crackers of kaasplateaus!

COCKTAILS EN MOCKTAILS

89.Dalgona Karamel Frappuccino

INGREDIËNTEN:
- 2 eetlepels oploskoffie
- 2 eetlepels suiker
- 2 eetlepels heet water
- 1 kopje melk
- 1 kopje ijs
- 2 eetlepels karamelsaus

INSTRUCTIES:

a) Klop in een kom oploskoffie, suiker en heet water tot een dik en schuimig mengsel.

b) Meng in een blender het opgeklopte Dalgona-mengsel, melk, ijs en karamelsaus.

c) Mixen tot een gladde substantie.

d) Giet het in een glas en besprenkel eventueel met extra karamelsaus.

90.Gezouten Karamel Witte Hete Cacao

INGREDIËNTEN:
- 4 kopjes volle melk
- 5 ons witte chocoladestukjes
- 3 eetlepels karamelsaus
- ¼ theelepel zeezout

INSTRUCTIES:
a) Verwarm uw multicooker voor.
b) Giet er vier kopjes volle melk in.
c) Voeg vijf ons witte chocoladestukjes, 3 eetlepels karamelsaus en ¼ theelepel zeezout toe.
d) Laat ongeveer 10 minuten koken en schakel vervolgens de Multi-Cooker naar de warme stand.
e) Gebruik een pollepel om de witte hete chocolademelk in koffiemokken te gieten.
f) Bestrijk elke portie met slagroom, een scheutje karamelsaus en een snufje zeezout. Genieten!

91. Baileys gezouten karamel Martini-cocktail

INGREDIËNTEN:
- 100 ml Baileys gezouten karamel Ierse room
- 3 eetlepels karamelsaus (naar smaak aanpassen)
- 50 ml wodka
- 100 ml crème
- 2 handenvol ijs
- Zeezoutvlokken
- Donkere of melkchocoladevlokken, krullen of cigarillo's
- Eetbare glitter en bladgoud

INSTRUCTIES:
a) Schep of giet de karamelsaus langzaam langs de randen van twee kleine coupéglaasjes, zodat het kan druppelen en miezeren.
b) Gebruik een klein, droog penseel om bladgoud aan de glazen toe te voegen.
c) Meng de Baileys Salted Caramel en de resterende karamelsaus in een cocktailshaker tot een gladde massa.
d) Voeg de wodka, room en veel ijs toe aan de shaker. Schud krachtig om de karamelsaus op te lossen en zeef het mengsel vervolgens in de voorbereide glazen.
e) Maak de cocktails af met chocoladevlokken, eetbare glitters en eventueel gewenste zeezoutvlokken. Geniet van uw heerlijke Baileys Salted Caramel Martini-cocktail!

92. Verbrande karamel Manhattan

INGREDIËNTEN:
- 2 ons bourbon
- ¼ ons zoete vermout
- ¼ ons butterscotch-schnaps
- ½ ons frambozen Chambord
- 3 scheutjes Angostura-bitter
- 2 kersen

INSTRUCTIES:

a) Begin met het koelen van een cocktailglas met ijs en water.

b) Vul een shaker met ijs en voeg vervolgens alle vloeibare ingrediënten toe.

c) Schud het mengsel krachtig gedurende ongeveer 30 seconden. Door het schudden ontstaan er heerlijke ijsvlokken in de cocktail.

d) Proef het mengsel om er zeker van te zijn dat het naar wens is, zeef het vervolgens in het gekoelde cocktailglas en serveer het "rechtop".

93.Karamel Appel Martini

INGREDIËNTEN:
- 2 oz vanillewodka
- 1 oz zure appellikeur
- 1 oz karamelsiroop
- Ijs
- Appelschijfje ter garnering

INSTRUCTIES:
a) Vul een cocktailshaker met ijs.
b) Voeg de vanillewodka, zure appellikeur en karamelsiroop toe aan de shaker.
c) Goed schudden tot het gekoeld is.
d) Zeef het mengsel in een gekoeld martiniglas.
e) Garneer met een schijfje appel.
f) Geniet van je verfrissende karamel-appelmartini!

94. Karamel Wit-Russisch

INGREDIËNTEN:
- 1 1/2 oz wodka
- 1 oz koffielikeur
- 1 oz karamelsiroop
- 2 oz zware room
- Ijs

INSTRUCTIES:
a) Vul een rotsglas met ijs.
b) Giet de wodka en koffielikeur erbij.
c) Roer de karamelsiroop erdoor.
d) Giet de slagroom langzaam over de achterkant van een lepel, zodat deze bovenop blijft drijven.
e) Serveer en geniet van je romige karamel witte Rus!

95.Karamel Espresso Martini

INGREDIËNTEN:
- 1 1/2 oz wodka
- 1 oz koffielikeur
- 1/2 oz karamelsiroop
- 1 oz vers gezette espresso
- Ijs
- Koffiebonen ter garnering

INSTRUCTIES:
a) Vul een shaker met ijs.
b) Voeg de wodka, koffielikeur, karamelsiroop en vers gezette espresso toe aan de shaker.
c) Goed schudden tot het gekoeld is.
d) Zeef het mengsel in een gekoeld martiniglas.
e) Garneer met een paar koffiebonen.
f) Geniet van je heerlijke karamel-espressomartini!

96. Gezouten Karamel Crème Frisdrank

INGREDIËNTEN:
- 2 oz karamelsiroop
- 4 oz cream frisdrank
- 2 oz frisdrank
- Ijs
- Slagroom ter garnering
- Karamelsaus voor garnering

INSTRUCTIES:
a) Vul een glas met ijs.
b) Giet de karamelsiroop erbij.
c) Voeg de cream soda en sodawater toe, roer voorzichtig om te combineren.
d) Top met slagroom.
e) Giet de karamelsaus over de slagroom.

97. Gekarameliseerde Ananas Rum Punch

INGREDIËNTEN:
- 2 oz donkere rum
- 4 oz ananassap
- 1 oz karamelsiroop
- 1/2 oz limoensap
- Ananaswig ter garnering
- Maraschinokers voor garnering

INSTRUCTIES:
a) Vul een cocktailshaker met ijs.
b) Voeg de donkere rum, het ananassap, de karamelsiroop en het limoensap toe aan de shaker.
c) Goed schudden tot het gekoeld is.
d) Zeef het mengsel in een glas gevuld met ijs.
e) Garneer met een ananaswig en marasquinkers.
f) Geniet van je tropische gekarameliseerde ananas-rumpunch!

98.Karamel Mokka Martini

INGREDIËNTEN:
- 1 1/2 oz wodka
- 1 oz koffielikeur
- 1 oz chocoladelikeur
- 1/2 oz karamelsiroop
- Ijs
- Chocoladeschaafsel ter garnering

INSTRUCTIES:
a) Vul een shaker met ijs.
b) Voeg de wodka, koffielikeur, chocoladelikeur en karamelsiroop toe aan de shaker.
c) Goed schudden tot het gekoeld is.
d) Zeef het mengsel in een gekoeld martiniglas.
e) Garneer met chocoladeschaafsel.
f) Geniet van je decadente karamel-mokka-martini!

99.Gekarameliseerde perenmojito

INGREDIËNTEN:
- 1 1/2 oz witte rum
- 1/2 oz karamelsiroop
- 1/2 oz limoensap
- 4-6 muntblaadjes
- 2 oz perensap
- Sodawater
- Perenschijfje ter garnering

INSTRUCTIES:
a) Meng in een glas de muntblaadjes met het limoensap en de karamelsiroop.
b) Vul het glas met ijs.
c) Voeg de witte rum en het perensap toe aan het glas.
d) Top met sodawater en roer voorzichtig om te combineren.
e) Garneer met een schijfje peer.
f) Geniet van je verfrissende gekarameliseerde perenmojito!

100.Karamel Appel Sparkler

INGREDIËNTEN:
- 2 oz appelcider
- 2 oz gemberbier
- 1/2 oz karamelsiroop
- Ijs
- Appelschijfje ter garnering
- Kaneelstokje ter garnering

INSTRUCTIES:
a) Vul een glas met ijs.
b) Giet de appelcider en het gemberbier erbij.
c) Roer de karamelsiroop erdoor.
d) Garneer met een schijfje appel en een kaneelstokje.
e) Geniet van je bruisende en verfrissende mocktail met karamel-appel-sterretjes!

CONCLUSIE

Terwijl we afscheid nemen van 'DE WERELD VAN KARAMEL RAGE', doen we dat met een gevoel van voldoening en dankbaarheid voor de smaken waarvan we genieten, de herinneringen die zijn gecreëerd en de culinaire avonturen die we onderweg hebben gedeeld. Via 100 decadente desserts en hartige gerechten die de veelzijdigheid van karamel laten zien , hebben we de eindeloze mogelijkheden van dit geliefde ingrediënt onderzocht, van zoet tot hartig en alles daartussenin.

Maar onze reis eindigt hier niet. Terwijl we terugkeren naar onze keukens, gewapend met nieuwe inspiratie en waardering voor karamel, laten we doorgaan met experimenteren, innoveren en creëren met dit magische ingrediënt. Of we nu een stapel koekjes bakken, een saus roeren of een vleugje zoetheid toevoegen aan een hartig gerecht, moge de recepten in dit kookboek jarenlang een bron van vreugde en verwennerij zijn.

En laten we, terwijl we genieten van elke heerlijke hap, denken aan de eenvoudige geneugten van lekker eten dat we delen met dierbaren en aan de vreugde die voortkomt uit het ontdekken van nieuwe smaken en technieken. Bedankt dat je met ons mee bent gegaan op dit heerlijke avontuur. Mogen uw culinaire creaties altijd zoet zijn, uw tafels altijd vol en uw hart altijd verwarmd door de magie van karamel.

www.ingramcontent.com/pod-product-compliance
Lightning Source LLC
Chambersburg PA
CBHW070658120526
44590CB00013BA/1016